本研究受到中央高校基本科研业务费专项资金资助（2018R
北京邮电大学基本科研业务费管理体系软课题项目（2019XKRK04）资助

技术创新模式组合
对企业创新绩效的影响研究

基于企业异质性的视角

翟瑞瑞 ◎ 著

知识产权出版社
全国百佳图书出版单位
—北京—

图书在版编目（CIP）数据

技术创新模式组合对企业创新绩效的影响研究：基于企业异质性的视角/翟瑞瑞著.
—北京：知识产权出版社，2020.6
ISBN 978 - 7 - 5130 - 6917 - 5

Ⅰ. ①技… Ⅱ. ①翟… Ⅲ. ①技术革新—影响—企业绩效—研究 Ⅳ. ①F272.5

中国版本图书馆 CIP 数据核字（2020）第 077370 号

责任编辑：国晓健　　　　　　　　　　责任校对：王　岩

封面设计：臧　磊　　　　　　　　　　责任印制：孙婷婷

技术创新模式组合对企业创新绩效的影响研究：

基于企业异质性的视角

翟瑞瑞　著

出版发行：	知识产权出版社 有限责任公司	网　　址：	http：//www.ipph.cn
社　　址：	北京市海淀区气象路 50 号院	邮　　编：	100081
责编电话：	010 - 82000860 转 8385	责编邮箱：	guoxiaojian@ cnipr.com
发行电话：	010 - 82000860 转 8101/8102	发行传真：	010 - 82000893/82005070/82000270
印　　刷：	北京建宏印刷有限公司	经　　销：	各大网上书店、新华书店及相关专业书店
开　　本：	787mm×1092mm　1/16	印　　张：	10.5
版　　次：	2020 年 6 月第 1 版	印　　次：	2020 年 6 月第 1 次印刷
字　　数：	170 千字	定　　价：	68.00 元

ISBN 978-7-5130-6917-5

摘　要

创新是引领发展的第一动力，是维持国家竞争力的关键。创新兴则国家兴，创新强则国家强。"十三五"规划将"创新"放在五大发展理念之首，首次将"创新驱动发展战略"写入五年规划纲要之中，并在纲要中独立成篇，强调实施创新驱动发展战略的重要性。当前，在中国经济增长速度换档期、结构调整阵痛期和前期刺激政策消化期的"三期叠加阶段"，"三驾马车"对经济发展的带动作用有限；再加上国内要素供给约束和国际竞争加剧的多重压力，中国经济由要素驱动发展转向创新驱动发展是必然的选择。习近平总书记曾指出：实施创新驱动发展战略就是要坚持企业在创新中的主体地位，全面增强自主创新能力，掌握新一轮全球科技竞争的战略主动；要全方位加强国际合作，坚持"引进来"和"走出去"相结合，积极融入全球创新网络，全面提高我国科技创新的国际合作水平。

企业作为实施创新驱动发展战略中的主体，创新是维持其持续竞争优势的源泉。全球化背景下，虽然企业内部的自主创新是引领企业发展的第一动力，但在现实实践中，企业不仅仅关注内部的自主创新，还注重通过选择国内的创新合作和创新国际化等技术创新模式加强与外部机构组织的创新合作。可见，企业选择的技术创新模式越来越多元化。而技术创新模式是影响企业创新绩效的重要因素，这就使我们思考：企业选择的多元技术创新模式将带来怎样的创新绩效？技术创新模式与企业创新绩效之间存在怎样的关系？在企业内并存的多元技术创新模式之间究竟存在怎样的关系，以及对创新绩效的作用机制如何？

结合已有研究发现，企业通过国内创新合作和创新国际化等技术创新模式可以获得外部机构组织的技术知识，但这些技术知识并不能直接或自动地内部化为企业自身的创新能力以提升创新绩效。企业异质性（企业自身长时间积累的知识与能力的差异）是影响其内部化的关键因素。那企业异质性在多元技术创新模式与创新绩效之间扮演怎样的角色呢？这是我们思考的另一问题。

在中国独特情境下，作为创新驱动主导力量的政府，拥有丰富的创新资源，可以通过科技资源配置、制度供给和公共服务等参与企业创新活动，影响企业异质性。那政府究竟该如何参与企业创新，才能通过影响企业异质性达到获取最优创新绩效的效果？

为回答上述问题，首先本研究在已有研究的基础上，结合企业创新网络地理边界拓展以及合作对象，引入技术创新模式组合这一变量，将技术创新模式划分为三种类型、四种组合。三种类型具体是：企业内部创新、国内合作创新、创新国际化；四种组合是以企业内部创新为基点，将企业面临的技术创新模式组合划分为：内部创新、内部创新＋国内合作创新、内部创新＋创新国际化及内部创新＋国内合作创新＋创新国际化。然后，本研究以企业异质性为视角开始展开系统性的四个子研究：第一，考察由企业内并存的多元技术创新模式构成的技术创新模式组合与创新绩效的关系，重点解决两个问题，一是企业内并存的多元技术创新模式之间存在着怎样的关系，且这一关系如何影响企业差异化创新绩效？二是企业选择的技术创新模式组合与企业差异化创新绩效之间究竟存在着怎样的直接关系？第二，基于调节机制考察企业异质性如何影响技术创新模式组合与创新绩效，重点解决技术创新模式组合对差异化创新绩效的影响是否受企业异质性的影响的问题。第三，基于中介机制，考察企业异质性如何影响技术创新模式组合与创新绩效，主要是回答企业异质性在技术创新模式组合与追求差异化的创新绩效之间的角色扮演是否存在差异。第四，引入政府参与这一重要外在情境变量，考察企业所面临的横向和纵向两个方向上的政府参与对企业异质性"双重角色"的调节效果差异，回答政府角色扮演的问题。综上，本研究引入技术创新模式组合这一新的变量，突破以往单纯研究单一技术创新模式与创新绩效关系的局限性，以企业异质性为切入点，深刻剖析技术创新模式组合影响企业差异化创新绩效的机理以及外在情境因素政府的角色扮演。

本研究得出的主要结论如下：

第一，技术创新模式组合与差异化创新绩效的关系。

（1）单一技术创新模式与企业差异化创新绩效，与突破式创新绩效和渐进式创新绩效都正相关，而且内部创新技术创新模式的作用最大。

（2）由多元技术创新模式构建的不同组合与企业差异化创新绩效之间存在着差异化的关系，发现仅有内部技术创新＋创新国际化的 S3 组合对突破式创新绩效和渐进式创新绩效都是显著正向的，且对突破式创新绩效的作用程度更大，其他假设都得到部分证实。

（3）针对组合中并存的多元技术创新模式之间的关系，发现企业内部技术创新模式与国内创新合作的互补性在渐进式创新上更明显，而企业内部技术创新模式与创新国际化的互补性在突破式创新绩效中更显著；而针对企业外部技术创新模式之间关系的研究发现，二者之间存在着替代性，这一关系在突破式创新绩效中更显著。

第二，针对调节机制研究的发现，企业异质性——吸收能力是影响技术创新模式组合与企业创新绩效的重要内在情境因素。吸收能力增强了模式组合 S3 分别与突破式创新绩效和渐进式创新绩效的关系强度，且对组合 S3 与突破式创新绩效的调节程度大于对渐进式创新绩效的关系强度；其他假设得到部分支持。

第三，针对中介机制的研究发现，企业异质性——吸收能力也是影响技术创新模式组合与创新绩效的重要中间机制。在技术创新模式组合 S2 和 S3 中，企业吸收能力分别在渐进式创新绩效和突破式创新绩效的关系中扮演着中介的角色；其他部分验证。

第四，针对政府扮演角色的考察发现，不同方向的政府参与作用存在差异，横向政府参与中的技术交易市场活跃度、纵向政府参与中的省级及以上科研机构的数目在"双重机制"上的作用更为突出，而横向政府参与中的知识产权保护、纵向政府参与中的政府项目经费投入的作用未通过验证。

本研究重要的启示主要表现在：

第一，揭示了企业内并存的多元化技术创新模式之间的关系机制，在一定程度上解释了有关企业内部创新与外部创新之间关系的已有研究结论存在争论的原因。在开放式创新和国际化的背景下，仅依靠内部技术创新模式来提升创新绩效是行不通的，尤其是获得突破式创新绩效，需要借助于多元化的技术创新模式，以开放的姿态整合利用全球创新资源，积极融入全球创新网络。在组合技术创新模式时，既要注意内外部技术创新模式之间的关系，也要考虑外部合作创新模式之间的关系。研究发现，企业内部技术创新模式与两种外部技术创新模式（国内合作创新、创新国际化）之间存在互补关系，但这种互补关系是体现在不同的差异化创新绩效中的（内部技术创新模式和国内合作技术创新模式之间具有渐进式创新绩效的互补性，内部技术创新模式和创新国际化则具有突破式创新绩效的互补性），而两种外部技术创新模式之间存在着替代关系。这为寻找企业最优的多元技术创新模式组合搭配，提升企业创新能力和创新绩效提供借鉴。

第二，引入技术创新模式组合这一新的变量，从"双重机制"剖析了企业异质性对技术创新模式组合与差异化创新绩效的影响机理。技术创新模式组合成为影响企业创新绩效的重要因素。企业在选择组合技术创新模式时需结合自身的特点，技术创新模式组合要发挥有效的作用，还要与企业吸收能力相匹配，即技术创新模式组合与创新绩效的关系受企业吸收能力的影响，且不同创新绩效之间出现明显差异。同时，技术创新模式组合也会通过提升企业吸收能力从而对创新绩效产生影响。对企业来说，在开放式创新和国际化的背景下，在加强自身内部技术创新能力的同时，要积极开展与国内外企业等机构组织的创新合作，改善自身吸收能力。

第三，从两个方向上剖析了政府在技术创新模式组合、企业异质性与创新绩效关系中的微观作用机理。在实施创新驱动发展战略的背景下，适度的政府参与有利于营造良好的创新环境，有助于政府发挥"有形之手"的作用，牵动市场"无形之手"，共同促进创新，提高创新主体的创新动力和创新能力，促进企业的创新发展。作为创新驱动的主导力量，政府要注意参与企业创新活动的方式，需"因企而异"。

关键词：技术创新模式组合　企业异质性　突破式创新绩效　渐进式创新绩效　政府参与

ABSTRACT

Innovation is the driving force and the key to maintaining national competitiveness. The importance of implementing the innovation – driven development strategy is stressed in the 13th Five – Year Plan which puts "innovation" in the first place. Currently, "China's three carriages" (i. e. , investment, export, consumption) of promoting economic development is limited in the economy of three superimposed stages. Coupled with domestic supply constraints and under the multiple pressure of international competition, it's an inevitable choice for China's economy to turn to innovation – driven. As Xi general secretary pointed out, in order to implemente the innovation – driven development strategy, China must adhere to the dominant position of firms in innovation, enhance the ability of independent innovation, and master the strategic initiative of a new round of global scientific and technological competition. China should strengthen international cooperation in all aspects, adhere to reconcile the two strategies of "bring in" and "going out", actively integrate into the global innovation network, and comprehensively improve the level of international cooperation in science and technology innovation.

As the main body of implementing innovation – driven development strategy, innovation is the source of sustaining firm's competitive advantage. In the context of globalization, firm's internal independent innovation is the first driving force for its development. While, in practice, firms not only focus on internal innovation, but also on cooperation with domestic and foreign institutional innovation. So, technological innovation patterns of the firm which can be chosen are becoming more and more multiple. And the technological innovation patternis an important factor affecting the innovation performance which makes us think: what kind of performance will be brought to firms and how does it influence firm performance by chosing technological innovation patterns? What kind of relationship will be among multiple technolugical innovation patterns and how do they influence innovation performance?

Based on the existing studies, a firm can obtain the technical knowledge of external organizations through technological innovation patterns such as domestic innovation cooperation and innovation internationalization. However, these technical knowledge can not be directly or automatically internalized into the firm's own innovation ability which can improve innovation performance. Firm heterogeneity which is the difference of knowledge and ability accumulated by a firm for a long time is an important factor that affects their internalization. So what is the role of firm heterogeneity in the relationship between multiple technological innovation patterns and innovation performance?

Under the special context of China, as the driving force of innovation, government has a wealth of innovative resources which can influence firm heterogeneity byallocatingscientific and technological resource, supplying institutional and public services and so on. In order to obtain the optimal firm performance, how should government involve in firm's innovation by influencingfirmheterogeneity?

In order to answer these questions, the dissertation devides patterns of technological innovation into three types and four portfolios, that is, internal innovation, domestic cooperation innovation and innovation internationalization, based on the existing research and the expansion of innovation geographic boundary. Furthermore, in this dissertation, portfolios of firm's technologcial innovation patterns are divided into four situations based on the internal innovation: "internal innovation", "internal innovation + domestic cooperation innovation", "internal innovation + innovation internationalization" and "internal innovation + domestic cooperation innovation + innovation internationalization" . Secondly, the dissertation makes four sub – studies systematicaly based on the perspectvie of firm heterogeneity. First, the dissertation verifies the relationship between technological innovation portfolios and firm perform- ance, in this part, we focus on solving two questions: 1) what kind of relationship will be among multiple technological innovation patterns and how does it influence in- novation performance? 2) how dotechnological innovation portfolios influence firm's different innovation performance? Second, the dissertation tests howdoes firm hetero- genaity affect the relationship between multiple technological innovation portfolios and firm's innovation performance on the view of moderation mechanism, in this part, we focus on solvingwhetherthe effects of multiple technological innovation portfolios on firm's diverse innovation performance are impacted by firm heterogenaity. Third, the dissertation tests how does firm heterogenaity affect the relationship between multiple technological innovation portfolios and firm's innovation performance on the view of mediation mechanism, this part focused on answering whether there is a different role that firm heterogenaity plays in the relationship among multiple technological innova- tion portfolio and firm's innovation performance. Fourth, the dissertation brings gov- ernment involvement which is an important external contextual factor into the research framework, in order to investigate the influence of the horizontal and vertical govern- ment involvement on the firm heterogeneity. In summary, this dissertation introduces technological innovation pattern portfolios as a new variable to breakthrough the limi- tation of the relationship betweenthe single technological innovation pattern and inno- vation performance. From the perspectiveof firm heterogeneity, the dissertation pro- foundly analyzesthe mechanism of how technology innovation pattern portfolios influ- ence firm's innovation performance and the role of governm in themechanism what is.

Conclusions of the dissertation are as follows:

First, the direct impacts of technological portfolios on firms diverse innovation performance.

a. any technological innovation pattern is positively correlated with incremental innovation performance and radical innovation performance. And the role of internal innovation is greater.

b. there are various relationships between multiple potofilos and performance. The portfolio of "internal innovation + intenationalization innovation" positively affects incremental innovation performance and radical innovation performance. And it has a greater effect on radical innovation performance. And other assumptions are partially confirmed.

c. the results which are about the relationship among the three multiple technological innovation patterns show that there is a more siginificant complementary relationship between internal innovation and domestic cooperation innovation for firm's incremental innovation performance. And there is a more siginificant complementary relationship between internal innovation and internationalization innovation for firm's radical innovation performance. While there is a substitute relationship between domestic cooperation innovation and innovation internationalization. And it's more significant for firm's radical innovation performance.

Second, the results about moderating mechnism show that firm's heterogeneity (i. e. , absorptive capacity) is an important inner contextual factor for influencing the relationship between multiple technological innovation patterns and firm's innovation performance. It can strengthen the influence degree of the relationship between the technological innovation portfolio "S3" and firm's innovation performance. And the moderating effect on firm's radical innovation performance is larger than that on firm's incremental innovation performance. And other assumptions are partially confirmed in this part.

Third, the results about mediating mechnism show that firm heterogeneity is an important mediating factor for influencing the relationship between multiple technological innovation patterns and firm's innovation performance. It plays a mediating role in the relationship between technological innovation portfolios "S2" and firm's innovation performance. So does "S3" . And other assumptions are partially confirmed.

Fourth, inthis chapter, results show that there are differences in the role of government involvement. Technical trading market activity and the number of research institutions at the provincial level and above play a more significant role in the dual mechanism of the firm's heterogeneity. While others are not verified significantly.

Enlightenments of the dissertation are mainly manifested in:

Firstly, the dissertation reveals the relationship among the diversified technological innovation patterns. To a certain extent, it explains the reasons whythere is a controversy about the relationship between internal innovation and external one. Under the background of open innovation and internationalization, it is not feasible to rely solely on internal technological innovation pattern to improve innovation performance, especsically for firms which chase radical innovation performance. With the help of multiple technological innovation patterns, firms should integrate and utilize global innovation resources with an open attitude, and actively integrate into the global innovation network. It is necessary to pay attention to the relationship between internal and external technological innovation pattern, and also to consider the relationship between the two external cooperation innovation patterns when reassembling technological innovation patterns. It is found that there is a complementary relationship between the internal technological innovation pattern and two kinds of external technological innovation patterns, howerver, this complementary relationship is reflected in the different innovation performance (i. e. , the internal technological innovation pattern and the domestic cooperative technological innovation pattern have a the complementary relationshipwith the incremental innovation performance, and the internal technological innovation pattern and the innovation internationalization have the complementary relationship with the radical innovation performance). And there is an alternative relationship between the two patterns of external technological innovation. This provides a reference for finding the best portfolios of multiple technological innovation patterns to improve the innovation ability and innovation performance.

Secondly, the dissertation analyzes thedual influence mechanism of firm heterogeneity on the relationship between technological innovation paterns or portfolios and innovation performance by introducing technological innovation pattern portfolios as a new variable. Portfolios of technological innovation paterns have an important impact on firm's innovation performance. Firms need to combine with their own characteristics and match with heterogeneity when chosing technological innovation portfolios. Firms should strengthen their own internal technological innovation ability and actively cooperate with domestic and foreign firms and other organizations to improve their absorptive capacity.

Thirdly, from the mechanism of two directions, the dissertation opensthe micro role of government in the relationship among portfolios of technological innovation patterns, firm heterogeneity and innovation performance. In the context of implementing innovation – driven development strategy, the appropriate government involvement is conducive to create a good environment for innovation. Under the combination of the government (i. e. , visible hand) and the market (i. e. , invisible hand), wecan promote innovation development better. As the dominant driving force of innovation, government should pay more attention to the direction of involing in firm's innovation activities, and need to vary "from firm to firm".

Key Words: technological innovation, portfolios firm, heterogeneity radical innovation, performance incremental innovation, performance government involvement

目　录

图表目录

第一章 导论

1.1 选题背景及意义

1.1.1 研究背景

自中国改革开放四十多年以来，中国凭借人口红利、土地红利、政策优惠红利等比较优势，参与国际分工，积极融入全球价值链体系，带动了中国工业的迅猛发展（戴翔、金碚，2013）[1]；实现了中国经济的持续高速增长，使中国发展成为全球第二大经济体和第一制造业大国，创造了中国经济奇迹。但依靠要素驱动、高消耗、高污染的粗放式发展模式越来越难以适应中国经济绿色、可持续发展的需要，难以满足人民对生活环境质量改善和提升的追求，转变经济增长方式迫在眉睫（赵彦云、刘思明，2011；罗文，2015）[2-3]。大量经验事实表明，中国以"高投入、高消耗、高污染"为特征的粗放式发展的要素驱动型经济的弊端早已显现出来（周黎安，2007；高帆，2008；刘刚，2011）[4-6]。而且随着新知识、新技术的不断发展，全球经济发展模式也正在发生新的变化，创新正逐步成为驱动经济发展的主力，经济发展已逐步由斯密模式（Smithian）、福特模式（Fordian）、索洛模式（Solvian）发展到了熊彼特模式（Schumpeterian）（Mokyr，1990）[7]。

当前，在"三期叠加阶段"（经济增长速度换挡期、结构调整阵痛期和前期刺激政策消化期），"三驾马车"（投资、出口、消费）对经济发展的带动作用有限；中国经济由过去持续多年两位数的高速增长转换为中高速增长，而且这将成为中国经济发展的新常态。再加上中国经济发展面临着国内要素资源的供给约束和国际间激烈竞争的多重压力，发展方式向创新驱动转变是经济发展的必然选择（李春涛、宋敏，2010）[8]。党的十八大报告明确提出了要加快经济发展方式转变、提高经济发展的质量和效益就要依靠实施创新驱动发展战略。2014 年 8 月 18 日习近平总书记在中央财经领导小组第七次会议上指出："创新始终是推动一个国家、一个民族向前发展的重要力量；我国是一个发展中大国，正在大力推进经济发展方式转变和经济结构调整，必须把创新驱动发展战略实施好"；"实施创新驱动发展战略，就是要……坚持企业在创新中的主体地位"，"全面增强自主创新能力，掌握新一轮全球科技竞争的战略主动"；要"全方位加强国际合作，坚持'引进来'和'走出去'相结合，积极融入全球创新网络，全面提高我国科技创新的国际合作水平"。❶ 2016 年 3 月 17 日发布的"十三五"规划纲要将"创新"放在五大发展理念之首，首次将"创新驱动发展战略"写入五年规划纲要之中，并在纲要中独立成篇，强调突出实施创新驱动发展战略的重要性。实施创新驱动战略是一个复杂的系统工程，企业作为创新的主体，集成了诸多创新要素和创新活动，而企业创新最终需要落实和体现在具体的产品上，因此，产品创新是企业创新的核心，产品创新做得好，就能够帮助企业开拓、挤占新的市场，形成其独特的竞争优势，把握市场先机，抢占竞争的制高点（罗文，2015）[3]。

在全球经济一体化的背景下，受限于国内创新资源供给约束，企业创新的网络边界拓展逐步跨越国家地理边界。企业开始依托于全球创新资源，通过整合内外部创新知识，以全球视野谋划和推进自身创新，积极融入全球创新网络，推进产、学、研深度融合，加强全方位的国内外创新合作。

---

❶ 本书中提到的习近平讲话内容均出自 2014 年 8 月 18 日习近平主持召开的中央财经领导小组第七次会议。详见：习近平．增强自主创新能力，掌握全球科技竞争的战略主动［OL］. http：//www. 81. cn/xuexi/2014－08/18/content_7045016. htm.

在我国经济体制转型的背景下，政府掌握大量的创新资源，其对企业的支持和扶持会影响企业的创新活动（陈岩等，2014）。[9]胡小江（2004）曾指出，政府参与是影响企业活动的重要外在情境因素。[10]国务院 2015 年 3 月 13 日发布的《关于深化体制机制改革加快实施创新驱动发展战略的若干意见》就指出，在加快实施创新驱动发展战略过程中，除了要发挥市场在资源配置中的决定性作用，也要更好地发挥政府作用，营造鼓励企业创新的制度环境，加强知识产权保护和市场监管，努力构建公平公正的市场竞争秩序。

上述现实与理论背景为本书的研究提供了重要思路：随着企业创新网络边界的拓展，企业采用的技术创新模式越来越多元，那我们就不得不思考：企业内部并存的多元技术创新模式存在着怎样的关系？政府该如何参与？企业的技术创新模式或组合是否会对不同类型的创新效果产生差异化影响？企业异质性在这一过程中扮演着怎样的角色？

1.1.2 研究意义

（1）理论意义

在企业微观层面推进实施创新驱动发展战略的基本要求是具备全球化视野，依托于全球创新资源的整合来谋划、推进企业的创新发展。作为创新主体，企业要增强自主创新能力，获得优良的创新绩效，就要积极融入全球的创新网络，加快推进产学研深度融合，全方位加强国内外创新合作。如企业可通过内部自主技术创新和国内外合作创新等多元化的技术创新模式促进自身创新发展。有关企业技术创新模式与创新绩效的已有研究发现，企业内部创新、合作创新和创新国际化等都能够正向影响企业的创新绩效（徐晨、吕萍，2013；付敬、朱桂龙，2014）[11-12]，但文献多集中于强调某单一技术创新模式对企业创新绩效的影响（Deng 等，1999；Hall 等，2005；Sampson，2007；Gambardella 等，2008；Belenzon，2012；Belenzon & Patacconi，2013）[13-18]，忽略了不同技术创新模式的并存性；或者仅关注了两种技术创新模式（内部创新与外部创新）的关系，既未将外部创新模式展开，研究结论也存在争论（Love & Roper，1999；Cassiman & Veugelers，2002；樊霞等，2011；原毅军、于长宏，2012）[19-22]。

目前已有少量学者开始突破上述研究的局限，着手探究不同技术创新模式之间的交互或调节效应如何影响企业创新（徐晨、吕萍，2013；陈钰芬、叶伟巍，2013；付敬、朱桂龙，2014）[11-12,23]。这些文献为本书开展研究提供了重要的借鉴，但集中于将企业外部的技术创新模式看作一个整体，未根据企业创新研发网络边界的拓展进行细化，并且缺少考察企业异质性与外在情境因素的影响效果。对于企业异质性来说，吸收能力是影响创新的重要因素（Cohen & Levinthal，1990；吴晓波、陈颖，2010；付敬、朱桂龙，2014）[24-25,12]，在已有涉及企业吸收能力的文献中，多从吸收能力的某一个作用机制考察其与企业绩效的关系，忽略了吸收能力的"两面性"，既是一个动态变量也是一个存量，缺乏动态考查企业吸收能力的"双重"作用；同时在中国独特情境下，政府参与是企业面临的制度方面极为重要的外在情境因素（胡小江，2004）[10]，政府参与会对企业创新活动产生重要影响。对于转型经济体中国的企业来说，作为创新驱动主导力量的政府可以通过科技资源配置、制度供给和公共服务等影响企业创新。因此，本书通过引入技术创新模式组合这一新的变量，从企业异质性的视角，结合其"双重作用机制"，将企业面临的政府参与与企业多元技术创新模式组合和创新绩效之间建立起有机联系，能够从侧面回答有关技术创新模式关系研究存在争论的原因，可以很好地解释为什么在企业采取相同技术创新模式组合的情况下，企业的创新绩效却出现显著差异，企业应采用什么样的技术创新模式组合以获得优良的创新绩效，同时打开政府在企业技术创新模式组合与创新绩效关系中的微观作用机理，以丰富已有研究。

（2）实践意义

在开放式创新背景下，充分整合利用外部技术、知识等资源以缓解企业内部面临的创新资源约束，已经成为现今多数企业提升创新能力、增强竞争优势的主要创新策略选择。当前开展创新所需的技术综合化和复杂化的特征日益突出，企业很难仅依赖内部有限的资源和能力满足技术创新所需要的巨大成本和资源。

众多企业为获取外部资源，缓解资源约束，开始谋求通过多种途径（国内创新合作和国外创新国际化等）加强与其他组织机构的合作。如华为为整合内外部资源，在加强与国内其他机构合作的同时，也在全球各地设立研发中心或联合研发中心❶。可见，在企业现实实践中，企业不仅关注内部的自主创新，还注重通过选择国内的创新合作和创新国际化等技术创新模式加强与外部机构组织的创新合作。目前，虽然有关的较新文献对企业内部创新和外部知识来源的交互效应与企业创新绩效的关系进行了研究（Schmiedeberg，2008；Hagedoorn & Wang，2012；陈钰芬、叶伟巍，2013)[26-27,23]，但忽略了企业外部创新模式的细化、创新效果的差异化和外在情境因素的影响，不能为企业提供具有针对性的建议。本研究结合联立方程和调节模型，着重考察企业异质性——吸收能力在技术创新模式组合、政府参与与创新绩效之间的"双重作用"，既研究企业技术创新模式组合与企业吸收能力的匹配对不同创新效果的影响，也基于企业吸收能力的中介效应考察不同技术创新模式组合对企业不同创新效果的影响，基于创新绩效导向，争取寻找出最优的搭配组合，探寻出哪类企业适合在加强内部创新的同时推进国内产学研深度融合，哪类企业适合加强全方位的国际创新合作或者哪类企业适合二者同时进行，为企业在开放式条件下获得优良的创新效果提供具有针对性的建议，同时考察政府在企业获得最优创新绩效中扮演的角色，以及为推进我国创新驱动战略的实施，政府应该如何为企业创新提供政策建议。

1.2 研究对象及核心概念界定

1.2.1 研究对象界定

企业仅依靠外部创新合作而不开展内部自主创新，难以获取核心技术，进

---

❶ 2013 年年底华为在德国、瑞典、美国、印度、俄罗斯、日本、加拿大、土耳其、中国等地设立了 16 个研究所，与领先运营商成立 28 个联合创新中心；并成为 2013 年我国发明专利授权量排名首位的国内（不含港澳台）企业。

而使企业缺少具有独占性、异质性、难以模仿特质的创新资源和能力，而且企业也很难通过外部合作将合作方的能力实现转移，难以建立持续稳定的竞争优势（陈劲、吴波，2012）[28]。Teece 等（1997）指出企业原有的、难以模仿的能力是其保持竞争优势的基础，而且这种能力只能在组织内部建立形成。[29]相关学者也指出，企业对外部创新资源的消化、吸收和转化需要企业具备一定的吸收能力（Cohen & Levinthal，1990）。[24]而内部创新研发是企业提高吸收能力、获得优异创新绩效的关键（柳晓静、郑逢波，2012；陈岩等，2014）。[30,9]因此，本研究首先界定被研究的对象企业要具有开展内部创新的能力。❶

创新型企业往往能够拥有自主知识产权的核心技术，整体技术水平在行业内位居先进地位，在市场中具有竞争优势，具有连续开展内部创新活动的动力。因此，在研究对象的界定上，本书选取创新型（高科技）企业，既能保证每个企业都开展内部技术创新，又能展示出企业外部技术创新模式（国内创新合作和创新国际化）选择上的差异，可以探讨企业内部并存的多元技术创新模式的关系，从而揭示出企业技术创新模式（组合）与企业差异化创新绩效的关系。

1.2.2 核心概念界定

（1）技术创新模式的界定

针对技术创新模式的分类，学者的观点大同小异。SteenSma & Corley（2001）从企业边界的角度，将企业创新活动划分为内部创新研发、合作创新研发和创新研发联盟等形式[31]；Nakamura & Odagiri（2005）将创新研发划分为内部创新研发、合作创新研发和委托创新研发等[32]；Claudio & Viva-relli（2004）和 Love & Roper（2002）则将技术创新研发划分为内部创新和外部创新[33-34]；Veugelers & Cassiman（1999）则依据创新知识来源的不同，

---

❶ 刘起涛（2016）指出"高端核心技术靠钱买不来、市场换不来"，开展自主创新是引领企业发展的第一动力。参见自主创新：引领国有企业发展的第一动力 [J]. 求是. 2016（12）：30 – 32.

将技术创新研发分为来自企业内部，来自其他企业、来自研究机构以及来自其他途径等几类。[35] 基于 Veugelers & Cassiman（1999）[35]、Claudio & Viva-relli（2004）[33] 和 Love & Roper（2002）[34] 的研究，以企业为边界将企业技术创新的模式划分为内部创新和外部创新。另外，结合目前政府突出国际创新合作在推进创新驱动发展中的重要性的大背景下，本书根据企业创新研发网络地理边界的拓展以及合作对象，将外部创新模式又再次细划为国内合作创新（包含企业与国内科研院所合作、与国内高校合作、与国内其他企业合作等）和创新国际化（包含企业设立海外研发机构、与境外机构合作等）两种，即本书拟采用内部创新、国内合作创新与创新国际化三种技术创新模式。

基于技术创新模式的分类，以企业内部技术创新为基础，三种技术创新模式又可以构成四种技术创新模式组合，即"仅有企业内部创新"构成的 S1 组合、"仅有企业内部创新 + 国内合作创新"构成的 S2 组合、"仅有企业内部创新 + 创新国际化"构成的 S3 组合以及由三种技术创新模式"企业内部创新 + 国内合作创新 + 创新国际化"构成的 S4 组合。❶

（2）创新绩效的界定

创新绩效作为企业开展创新活动最终结果的一种综合反映，虽然在管理学相关研究和实践中得到了广泛的应用，但是国内外学者对其的衡量和表述仍存在争议。因此，为更好地量化研究企业的创新绩效，本书首先界定要研究的企业创新主要是指什么。一般来说，创新是涵盖新观点（新思路）的出现，然后根据新观点（新思路）研究开发、产品中试、量化生产，最终实现商业化的全过程（陈劲、陈钰芬，2006）[36]，既包括工艺创新，也包括产品创新（Rosenberg，1982）[37]。其中，产品创新是指企业推出的全新产品或者对原有产品在技术或设计上经过重大改进并成功实现商业化。产品创新对企业可持续发展至关重要（Montalvo，2006）[38]，成功实现产品创新的商业化是大多数企业维持长久生命力和竞争优势的源泉（Balachandra & Friar，

---

❶ 四类技术创新模式组合的详细定义见第三章的变量定义部分。

1997；郭爱芳，2010）[39-40]。针对创新绩效的衡量，学者们多采用新产品销售收入、申请/授权专利数量和拥有发明专利的存量等创新产出指标来表示（Hagedoorn & Cloodt，2003；吴延兵，2012；陈岩等，2014）[41-42,9]。本研究所涉及的创新绩效主要是指产品创新绩效。另外，根据产品创新变动的程度，本研究又将创新绩效划分为突破式创新绩效和渐进式创新绩效，以进一步区分出技术创新模式与不同创新绩效之间的差异化关系。因此，本研究借鉴徐晨、吕萍（2013）的研究，以新产品销售收入表示对创新绩效的衡量，以国际新产品销售收入表示突破式创新绩效，以企业和国内新产品销售收入表示渐进式创新绩效。[11]

（3）政府参与的界定

政府参与作为影响企业技术创新活动的重要外在情境因素，会对企业创新活动的效果产生重要影响，"市场失灵"时适当的政府干预会促进技术创新的进行（Solow，1994）。[43]根据政府参与的方向性，可以划分为两类——横向参与和纵向参与。所谓横向的政府参与，指不涉及具体产业的一般性的参与，其典型是政府对产权、交易秩序等制度性基础设施的形成过程所产生的影响；所谓纵向的政府参与，指针对特定产业的、有选择的参与，其典型是极具争议的产业政策（宋磊、朱天飚，2013）。[44]本研究对政府横向参与主要从区域知识产权保护程度、区域市场化进程、区域中的技术市场发展状况以及金融发展水平等方面衡量；对纵向参与主要从针对特定行业的扶持政策和针对特定企业的科技资源配置、激励、政治关联的强度等方面衡量（陈岩等，2014）。[9]

（4）企业异质性的界定

一般指企业之间差异性的特征，如企业在雇用人数、市场销售额、生产效率（产品质量）、企业资源（专用性技术、工人技能）、企业能力等方面的差异（杨瑞龙、刘刚，2002）。[45]企业异质性是影响企业行为的重要因素（刘刚，2002）。[46]已有关于企业异质性影响技术创新的文献，多集中于从知识储备、生产规模、技术水平等方面切入。Nelson（1982）研究提出企业技术创新的直接资源保障是其知识储备，知识储备的异质性能加快知识在企业间的传播和扩散，即从技术领先企业流向追随或模仿企业，改进追随或模仿企业的技术，提高生产效率，扩大市场份额；而为保持竞争优势，技术领先企业必然会开展新的投资进行再创新，推动新一轮知识的传播与扩散，如此循环上升，不断促进技术进步和经济发展。[47]Silverberg& Orsenigo（1988）研究认为，除了新技术的可获得性能够影响企业消化、吸收新技术之外，其他最重要的就是企业在生产规模、技术水平等方面存在的异质性。[48]刘刚（2002）则指出企业异质性来源于企业内部长时间积累的知识与能力的差异，是企业维持竞争优势的长期来源，是企业之间开展创新性竞争的基础。[46]综上，本研究对企业异质性的界定主要从企业能力的角度切入。结合本书主要探究企业内部技术创新模式与两种外部创新模式的组合对企业差异化创新绩效的影响，因此，本研究的企业能力主要指企业的吸收能力。借鉴 Cohen & Levinthal（1990）的定义，企业吸收能力是指其从外部环境获取、消化、转化与应用知识的能力。[24]自提出吸收能力的概念以来，企业吸收能力在有关企业创新的研究中占据相当重要的位置（Veugelers，1997；Kim，1998；Shenkar & Li，1999；Lane 等，2002；Kodama，2008；刘亚军等，2010；马瑞超、张鹏，2013；付敬、朱桂龙，2014）[49-55,12]，日益成为学者们研究的热点，图 1 - 1❶为在 Web of Science（5.17 版）SSCI 数据库中检索研究主题为"innovation performance 和"absorptive capacity"而呈现出的文献报告分析。可以看出，该领域每年出版的文献和引文数都在逐渐增加，说明该领域正处于成长期，有很大的发展空间，具有非常大的研究价值。结合企业吸收能力的定义和相关研究，我们可知，企业吸收能力能比较全面地表征出企业的异质性（Amit & schoemaker，1993）[56]，企业知识储备的雄厚度、技术水平的高低、企业创新效率的差异等都可以通过吸收能力的大小表现出来，因此，本书以企业吸收能力来衡量企业异质性，以展示出企业之间的差异化特质。

---

❶ 2015 年的检索截止日期为 2015 年 7 月 7 日。

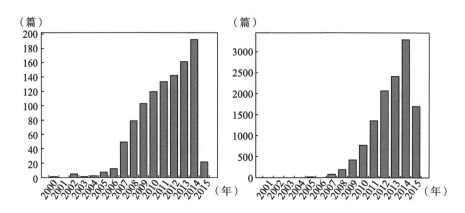

图 1 - 1　2000—2015 年出版的文献数和引文数

1.3　研究设计

1.3.1　研究目标

本研究旨在从企业异质性视角，细致展示技术创新模式组合、政府参与与企业突破式创新绩效以及渐进式创新绩效的关系图谱。具体来说，主要是以下几点：

①在开放式创新条件下和全球化活动中，转型经济体企业根据自身异质性选择最优的技术创新模式组合以充分整合利用全球创新资源，是企业获得最优创新绩效的关键，本研究以企业异质性——吸收能力为切入点，以获取最优的创新绩效为导向，探寻企业技术创新模式组合与企业异质性的匹配对差异化创新绩效的影响，为企业选定最优的技术创新模式组合（此部分重点考察企业异质性——吸收能力，作为已有能力的存量的静态作用）。

②基于"技术创新模式组合—企业异质性（吸收能力）—创新绩效"的研究路径，本书探究企业异质性——吸收能力对技术创新模式组合与差异化创新绩效的中介机制，考察不同技术创新模式组合对企业吸收能力的提升作用，为技术和知识获取型企业提供借鉴（该部分拟重点研究吸收能力作为动态能

力的机制作用)。

③政府参与是影响企业活动的重要外在制度情境因素,本书通过研究企业
所面临的横向和纵向的政府参与对企业异质性——吸收能力的调节效果,发现
不同类型的政府参与之间的差异化效果,为企业和政府提高企业和区域的创新
绩效提供具有针对性的建议。

1.3.2 研究框架

本书以中国创新型(高科技)企业为研究对象,以技术创新模式组合和
差异化创新绩效为主线,以企业异质性——吸收能力为切入点,着重研究企业
异质性——吸收能力的双重作用,既考察企业吸收能力对技术创新模式组合选
择的影响,又考察技术创新模式组合选定后对企业吸收能力的提升效果;同时
探究分析转型经济体企业外在情境因素——不同方向上的政府参与对企业吸收
能力双重作用的调节效果;寻找出企业技术创新模式组合与创新绩效的最优搭
配。本书的整体研究框架如图1-2所示。

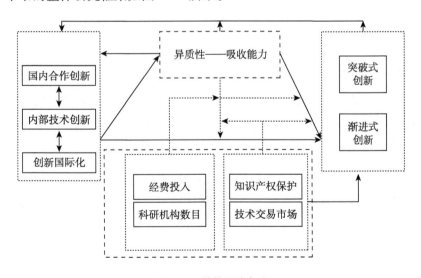

图 1-2 整体研究框架

1.3.3　研究方法

（1）文献研究

围绕研究问题，首先系统梳理与分析了国内外的相关文献，通过对 Web of Science、Emerald 数据库、Elsevier（SD）期刊数据库、EBSCO 数据库、万方数字资源、维普期刊资源整合服务平台、CNKI 中国知网学术平台等的关键词检索，筛选和追踪有价值的文献，掌握相关研究的发展脉络，了解领域内的最新研究成果，通过大量的文献阅读对已有研究进行归纳总结，并探寻出已有研究的不足，提出本书的研究问题，形成本研究的研究思路。

（2）实证研究

本书以中国创新型（高科技）企业数据库为核心，结合国家统计局公布的各年统计年鉴和国家知识产权局公布的各年统计年报，整理本书所需的数据，形成原始数据库。根据研究设定的模型，利用 STATA12.0 计量软件对技术创新模式组合、企业异质性（吸收能力）、政府参与与企业差异化创新绩效的关系机制进行验证，涉及的模型有调节回归分析、中介机制分析、被调节的中介作用分析等。具体来说，调节回归分析是通过检验权变量（情境因素）的调节作用来反映调节变量对自变量和因变量关系强度或方向的影响。本研究利用该研究方法考察的是企业异质性对技术创新模式组合和创新绩效关系强度的影响。中介机制分析主要是分析自变量与因变量之间的影响过程和作用机制。本研究利用该研究方法考察技术创新模式组合对创新绩效的影响是否通过企业异质性产生影响。被调节的中介作用分析主要是用来说明自变量对因变量的间接影响会随着调节变量对中介——因变量之间关系的调节而发生变化。本研究引入政府参与的外在情境因素，考察技术创新模式组合对创新绩效的间接影响是否受政府参与对企业异质性调节强度的影响。

1.3.4 内容安排

本书整体包括七个章节。第一章为导论，第二章为文献回顾与理论基础，第三章为技术创新模式组合对企业创新绩效的直接影响分析，第四章为技术创新模式组合与创新绩效——基于企业异质性调节机制的分析，第五章为技术创新模式组合与创新绩效——基于企业异质性中介机制的分析，第六章为政府参与情境下企业异质性对技术创新模式组合与创新绩效关系的影响分析，第七章为结论及展望。

第一章导论。主要论述本书研究的现实与理论背景、提出研究问题、设计研究逻辑框架、技术路线、研究方法与章节安排，最后提出本书的主要创新点。

第二章文献回顾与理论基础。主要是针对技术创新模式的文献综述、技术创新模式与企业创新绩效的理论研究综述和实证研究综述。技术创新模式选择的文献综述主要是对技术创新模式的分类、影响选择的因素以及不同技术创新模式之间的关系进行梳理，技术创新模式与企业创新绩效的理论研究综述主要是对资源理论、知识理论和吸收能力理论进行系统综述；实证研究综述主要是对已有的相关经验进行系统的回顾、分析与归纳，并在此基础上对该领域的研究进行述评；最终理清相关研究的发展脉络，发现已有研究的不足，为本研究奠定理论基础。

第三章技术创新模式组合对企业创新绩效的直接影响分析。基于企业创新网络的边界拓展，本章对企业的技术创新模式进行了重新分类，以解决如下问题：①企业不同技术创新模式以及由此构成的组合与企业差异化创新绩效之间究竟存在着怎样的关系？②企业选择组合内的不同技术创新模式之间存在着怎样的关系，且这一关系如何影响企业创新绩效？

第四章技术创新模式组合与创新绩效——基于企业异质性调节机制的分析。本章以吸收能力衡量企业异质性，考察技术创新模式组合对企业差异化创新绩效的影响是否受企业异质性的影响，以解释现实中同一行业内的企业采用相同的技术创新模式组合，其创新绩效却出现明显差异的问题。本章重点研究吸收能力的调节机制。

第五章技术创新模式组合与创新绩效——基于企业异质性中介机制的分析。本章主要是回答企业吸收能力在企业技术创新模式组合与追求差异化的创新绩效之间的角色扮演是否存在差异。重点研究吸收能力的中介机制。

第六章政府参与情境下企业异质性对技术创新模式组合与创新绩效关系的影响分析。本章引入政府参与这一外在情境变量，考察企业所面临的横向和纵向两个方向上的政府参与对企业异质性——吸收能力"双重角色"的调节效果差异，进一步解释企业创新绩效存在差异的原因。

第七章结论与展望。提炼、总结研究结论，指出研究存在的不足和未来的发展方向。

章节安排如图 1-3 所示：

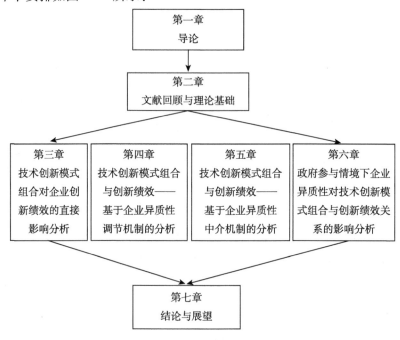

图 1-3　章节安排

1.4　创新点

现实活动中，企业技术创新模式多种多样，已有研究基本集中于企业对技术创新模式的选择以及不同技术创新模式之间的关系，忽略了企业选择的不同技术创新模式的并存性以及由此构成的不同技术创新模式组合对创新绩效的影响研究，因此本书的特色主要是弥补上述已有研究的不足。与已有研究不同，本研究借由企业异质性——吸收能力的双重作用机制考察技术创新模式组合与差异化创新绩效的关系，同时剖开两个方向上的政府参与在其中的角色扮演。因此，本研究的创新点主要表现在：

一是基于"企业内部—国内合作—创新国际化"创新研发网络的扩散，对企业外部技术创新模式进行了划分，揭开了企业内并存的多元化技术创新模式之间的关系机制，在一定程度上解释了有关企业内部创新与外部创新之间关系的已有研究结论存在争论的原因。

已有研究关注了两种技术创新模式（内部创新与外部创新）的关系，但研究存在争论，如陈钰芬、叶伟巍（2013）发现企业内部 R&D 和外部合作创新（大学/研究机构的合作）之间不存在互补性[23]，而付敬、朱桂龙（2014）研究发现内部 R&D 与外部合作之间存在互补关系[12]。争论存在的原因可能在于未将外部创新模式展开。因此，本研究基于前人研究将企业面临的技术创新模式划分为三类：企业内部技术创新模式、国内合作创新和创新国际化，打开了企业外部技术创新模式的"黑箱"。以内部技术创新研发为基础，探究内外部不同技术创新模式之间的关系对企业创新绩效的影响，发现企业内部技术创新模式与两种外部技术创新模式（国内合作创新、创新国际化）之间存在互补关系，但这种互补关系是体现在不同的差异化创新绩效中的（内部技术创新模式和国内合作技术创新模式之间具有渐进式创新绩效的互补性，内部技术创新模式和创新国际化则具有突破式创新绩效的互补性），而两种外部技术创新模式之间存在着替代关系。这为寻找企业最优的多元技术创新模式搭配，提升企业创新能力和创新绩效提供借鉴。

二是引入技术创新模式组合这一新的变量，突破单纯研究单一技术创新模式与创新绩效的关系，以企业异质性为切入点，深刻剖析技术创新模式组合影响企业差异化创新绩效的机理。

已有文献集中于强调某单一技术创新模式对企业创新绩效的影响（Deng 等，1999；Hall 等，2005；Sampson，2007；Gambardella 等，2008；Belenzon，2012；Belenzon & Patacconi，2013）[13-18]，忽略了不同技术创新模式的并存性；目前已有少量学者开始突破上述研究的局限，着手探究不同技术创新模式之间的交互或调节效应如何影响企业创新（徐晨、吕萍，2013；陈钰芬、叶伟巍，2013；付敬、朱桂龙，2014）[11-12,23]，但也仅仅关注了两种技术创新模式（内部创新与外部创新）的关系，既未将外部创新模式展开，也未进一步研究二者的关系对企业创新绩效的影响（Love & Roper，1999；Cassiman & Veugelers，2002；樊霞等，2011；原毅军、于长宏，2012）[19-22]。为弥补上述不足，本研究引入技术创新模式组合这一新的变量，结合企业异质性的双重作用机制，动静结合地考察了企业异质性对技术创新模式（组合）与差异化创新绩效的影响机制。研究发现，追求不同创新效果（渐进式创新绩效还是突破式创新绩效）的企业应选择不同的技术创新模式组合，而且技术创新模式组合与差异化创新绩效的关系强度受企业异质性——吸收能力的影响，研究结论既丰富了开放式创新理论和吸收能力理论，也为企业如何在开放式创新条件下获得最优创新绩效提供借鉴。

三是为考察中国独特的情境，从横向和纵向两个方向上引入政府参与的变量，剖开政府如何通过影响企业异质性达到企业获取最优创新绩效的微观作用机理。与已有研究政府参与和企业创新活动不同，本书引入影响企业创新活动的重要外在情境因素——政府参与，并借鉴宋磊、朱天飚（2013）[44]的研究，根据政府参与的方向性将政府参与划分为横向政府参与和纵向政府参与两种方式，研究在不同技术创新模式组合与不同创新类型效果的配对中，不同方向上的政府参与在其中扮演怎样的角色，探寻其微观作用机理，为政府在创新驱动战略实施过程中发挥更好的作用提供借鉴。

此外，本书还利用联立方程考察企业异质性在技术创新模式组合与创新绩效中的双重作用机制，全面深入地打开企业异质性——吸收能力的双重角色扮演，系统考察企业异质性在技术创新模式组合与企业创新绩效关系中的作用，并研究影响企业异质性（吸收能力）的外在情境因素，为企业获得最优的创新绩效提供借鉴。

第二章　文献回顾与理论基础

2.1　技术创新模式的研究综述

2.1.1　技术创新模式的分类

在创新驱动发展战略的背景下，随着全球一体化和企业国际化的发展，企业创新活动逐步由封闭式向开放式转变（Rallet & Torre，1999；Nicholas，2009）[57-58]。相关研究也开始突破企业边界，由内部创新向外部创新拓展（Veugelers & Cassiman，1999；Steensma & Corley，2001；Nakamura & Odagiri，2005）[35,31,32,]。常见的技术创新模式有企业内部创新和外部创新。如 Claudio & Vivarelli（2004）和 Love & Roper（2002）将技术创新模式划分为内部创新模式和外部创新模式。[33-34]

（1）内部技术创新模式

内部技术创新模式是企业将技术创新研发、产品的改造设计等创新活动控制在企业边界以内，在企业内部实现技术创新活动一体化的模式，即企业自主开展技术创新活动。从特点上看，内部技术创新模式主要依赖于企业自身内部的技术和知识的积累与突破。开展内部技术创新是保持企业在竞争中的领先地位的一个重要手段。为抢占市场份额，在竞争中把握先机，企业通过技术、知识等创新资源的自身内部积累，不断地研发新技术、试制新产品。通过企业内部技术创新模式促进企业的可持续发展，实现内部技术创新与企业发展的良性循环。

（2）外部技术创新模式

外部技术创新模式是指企业在企业边界之外即企业外部开展技术创新活动的模式。它可以有效地减少企业在内部开展技术创新活动时所面临的风险和成本，它是企业通过与外部企业、机构等合作渠道，利用外部创新资源开展技术创新活动的一种重要技术创新模式。相较于内部技术创新模式，外部技术创新模式包含的形式更加丰富，主要有企业之间的合作、企业与高校等科研单位的合作、技术购买等。外部技术创新模式既能缓解企业内部的资源约束，使企业可以将有限的内部资源合理地配置到产品的生产、市场与营销方面，又可以为企业提供新技术的支持和保障，开发新产品，使企业保持可持续发展。

随着全球经济一体化的深入发展，一方面，合作创新成为企业选择的主要的外部技术创新模式（梅姝娥，2008；李玲、陶锋，2012）[59-60]；另一方面，企业外部创新的合作对象逐渐扩展到全球范围，企业跨越地理边界寻求创新资源的趋势日益强化，创新国际化正日益成为企业提高国际竞争力、获得最优创新绩效的重要因素（Daniele & SimonaI，1995）[61]。在该现实背景下，众多企业开始通过多种渠道（国内的创新合作和国外的创新国际化等）加强与国内外机构组织的合作，获取外部资源。与此同时，习近平总书记在2014年8月18日召开的中央财经领导小组第七次会议上指出，推进实施创新驱动发展战略要做到"围绕使企业成为创新主体、加快推进产学研深度融合……"；"扩大开放，全方位加强国际合作，坚持'引进来'和'走出去'相结合，积极融入全球创新网络，全面提高我国科技创新的国际合作水平"。

可以看出，企业拥有融入全球创新网络，与国内外机构开展创新合作的充分性和必然性，那企业与国内外的创新合作究竟带来最优创新绩效了吗？什么样的技术创新模式组合可以为企业带来最优的创新绩效？企业跨越地理边界的国内外合作创新是否带来差异化的效果？是否所有的企业都需要跨越地理边界？究竟具备哪些异质性的企业可以与国内机构合作创新，哪些可以与国外合作创新以期能更好地推动创新？

因此，为回答上述研究问题，本书在已有研究的基础，将企业的外部技术创新模式根据跨越地理边界的不同可以划分为国内合作创新和国际合作创新（即创新国际化）。其中国内合作创新包含企业与国内科研院所、高校以及其他企业合作、联盟等；创新国际化包含企业设立海外创新机构、与境外机构（高校、企业）合作联盟等。即本书涉及的技术创新模式包含企业内部技术创新、国内合作创新和创新国际化三种，如图 2 - 1 所示。

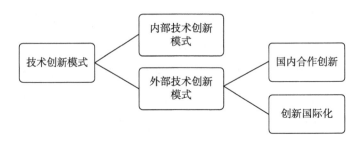

图 2 - 1　技术创新模式的分类

2.1.2　影响创新模式选择的因素

技术创新模式的选择受到企业内外部因素的影响，企业通过对内外部不同影响因素的评判来选择最适合自己的技术创新模式（汪碧瀛，2005）[62]。影响技术创新模式选择的因素见表 2 - 2。

（1）企业内部因素

企业自身的能力是影响技术创新模式选择的主要因素（曹素璋、张红宇，2007；陈锟、于建原，2009；毕克新等，2011）[63-65]。朱桂龙、周全（2006）探究了吸收能力影响技术创新模式选择的作用机理，研究发现在技术能力构建阶段，企业偏向于选择外部合作创新模式以提升自身能力；在自身能力发展到完善状态时，选择内部自主创新模式。[66] 唐春晖、唐要家（2006）的研究指出，低技术能力的企业适合采取单向的外部合作模式以获取知识、积累能力，当企业的技术能力越过最低门槛之后，外部创新合作将对企业的有利影响更大，而拥有独特内部知识资源和技术能力的企业往往倾向于选择内部自主创新的技术创新模式[67]。而 Cassiman & Veugelers（2006）的发现则与之相反，认为在企业具备高吸收能力的阶段，更偏向于选择创新合作模式；在低吸收能力阶段，内部技术创新模式则是企业最优的技术创新战略选择。[68]汪碧瀛（2005）[62]的研究结论与唐春晖、唐要家（2006）[67]的基本保持一致，即自身具备强技术创新能力的企业最适合选择内部自主创新模式，而低技术能力的企业则适合选择合作技术创新。曹素璋、张红宇（2007）论证了影响企业选择技术创新模式的决定性因素是企业自身具备的吸收能力，吸收能力与技术创新模式相匹配则是企业技术创新成功的关键所在。[63]毕克新等（2011）研究分析了影响我国科技型中小企业技术创新模式选择的因素，内部因素主要有企业的创新能力、管理能力、生产能力、营销能力、防范风险的能力等。[65]陈锟、于建原（2009）研究了营销能力与技术创新模式选择的关系，发现开展颠覆性创新活动是那些营销能力较弱的企业在市场竞争中取胜的有效战略选择。[64]

另外，企业规模、年龄、企业文化、企业战略等也是影响企业技术创新模式选择的内在因素（陈玉梅、秦江萍，2007；Belderbos 等，2004）[69 - 70]。Veugelers & Cassiman（1999）针对比利时制造业企业数据的研究发现，小企业更有可能单独选择内部创新或外部创新，而大企业则倾向于同时选择内部和外部创新方式。[71]Mcdermott & O'Connor（2002）的研究表明创新模式选择会受到企业规模和成熟度的影响。[72]张洪石、陈劲（2005）实证研究发现创新的企业文化及良好的创新氛围会助推企业选择更具冒险的技术创新项目。[73]汪碧瀛（2005）发现采用不同战略（领先型战略、跟随型战略和紧缩型战略）的企业，其技术创新模式的选择出现差异：领先型战略的企业一般选择内部自主创新模式，跟随型战略和紧缩型战略的企业则倾向于选择外部合作创新模式。[62]

（2）外部因素

根据已有研究，影响企业技术创新模式选择的外部因素主要有：国家政策导向、激励机制、市场结构与竞争、金融中介、社会服务、法律环境、行业集中度、技术市场的发展水平、环境的动荡等（Koberg 等，2003；张洪石、陈劲，2005；毕克新等，2011；汪碧瀛，2005；陈海声等，2009；Hurmelinna - Laukkanen 等，2008）。[74,73,65,62,75-76] 毕克新等（2011）认为国家政策、市场竞争、金融中介、社会服务、法律环境等外部因素影响企业技术创新模式的选择。[65] 陈海声等（2009）的研究发现，市场机构影响企业技术创新模式的选择：垄断竞争市场结构中，资源优势企业偏重内部创新；资源劣势企业应偏重合作创新的模式；寡头垄断市场结构中，少数垄断企业偏重内部创新 + 合作创新的模式，市场份额较小的企业则偏重合作创新的模式。[75] 汪碧瀛（2005）认为技术市场越发达，企业越容易寻找到技术创新的合作者而偏向选择合作创新模式，反之，企业越倾向于内部自主创新模式。[62]

表 2 - 1　影响技术创新模式选择的前因

因素类型	内容	因素类型	内容
外部因素	国家政策导向	内部因素	企业文化
	市场结构与竞争		企业战略
	法律环境		企业年龄
	技术、金融市场		企业规模
	行业因素		企业能力（技术、营销、管理、风险防控）

2.1.3　不同技术创新模式的关系

（1）国内合作创新与企业内部创新的关系

有关国内合作创新与企业内部创新关系的研究主要存在两种观点：一是替代关系（Love & Roper，2002；Jirjahn & Kraft，2006；李东华等，2010）[34,77,78]，二是互补关系（Arora & Gambardella，1990；Cassiman & Veugelers，2002，2006；Schmiedeberg，2008；樊霞等，2011）[79,20,68,26,21]。Love & Roper（1999）是支持替代关系的学者中最具代表性的，他们以英国制造业 1300 家企业为研究样本，结果发现企业的外部创新合作会替代企业内部自主创新。[19] 但 Love & Roper（2001）在考虑到德国企业同时开展内部创新和外部合作创新的事实时，进一步发现，内部创新和外部合作创新之间的替代性或互补性关系并没有被得到验证。[80]Jirjahn & Kraft（2006）[77]的研究观点与 Love & Roper（1999）[19]保持一致，认为企业外部创新合作与内部自主创新之间存在替代性的关系。

互补性的观点中最具代表性的是 Cassiman & Veugelers（2006），其对 269家比利时制造业企业的研究发现，企业内部自主创新与合作创新之间存在正相关的关系，即二者存在互补性关系。[68]Schmiedeberg（2008）的研究以德国制造业为研究对象，也发现了企业内部创新、创新研发合作协议以及创新合作之间存在互补性的关系。[26]Veugelers（1997）针对 290家荷兰企业的样本数据的研究发现，创新合作与自主创新投资之间存在互补关系的前提条件是企业拥有吸收能力。[49]Belderbos 等（2006）以西班牙 1990—1996 年的数据为样本，发现企业内部创新与创新合作协议之间存在互补性关系，同时还发现这一互补性关系受企业吸收能力的影响。[70]Colombo & Moscon（1995）的研究发现，企业内部创新与创新合作有着显著的相关关系。[81]

（2）创新国际化与企业内部创新的关系

针对创新国际化与企业内部创新的关系，学术界并没有明确提出二者之间存在什么样的关系。通过对文献梳理发现，大致上存在两种观点——替代和互补。Irwin & Klenow（1996）以美国半导体制造业企业为研究样本，证实参与技术创新合作的成员企业的内部自主创新投入下降，即说明创新国际化与企业内部创新存在一定的替代关系。[82]而 Pernner & Shaver（2005）在研究日本制药企业的国际创新活动对企业创新绩效的影响时发现，企业的内部创新能力较强时，国际创新活动对以专利产出衡量的创新绩效的影响才更显著，即说明创新国际化与内部创新之间存在互补关系。[83]徐晨、昌萍（2013）针对北京地区ICT 产业和机械制造产业的 259 家企业的研究发现，内部创新均能增强不同形式的创新国际化行为与创新绩效的关系程度，即企业内部创新与创新国际化存在互补关系。[11]

2.2　技术创新模式与创新绩效关系的理论基础

在企业技术创新模式与创新绩效的已有研究中，学者们尝试用资源观以及在资源观基础上延伸发展起来的知识观、吸收能力理论等理论观点来解释企业技术创新模式与创新绩效之间的关系（Barney，1991；Wernerfelt，1995；Barney 等，2001）。[84-86]

2.2.1　基于资源观的理论研究

资源观的核心观点是企业所拥有和掌握的核心能力与资源是企业在激烈的市场竞争中保持竞争优势的主要来源。该理论认为，企业拥有的并可以被高效使用的、有价值的、稀缺的、难以模仿的、不可替代的、资源的异质性是形成企业创新绩效表现不同的根源所在（Prahalad & Hamel，1990；Barney，1991；Peteraf，1993；Wernerfelt，1995；Conner & Prahalad，1996；Barney 等，2001）[87,88,85,89,86]。

传统的资源观着重于强调企业内部的资源积累。然而，在竞争加剧、经济活动日益全球化和开放化、企业边界逐步模糊的情境下，企业通过与国内外企业、机构的创新合作已日益成为企业实现外部创新资源获取的重要途径（Dyer，1997；Gulati，1999；Deng 等，1999；Hall 等，2005；Gambardella 等，2008；樊霞等，2011；原毅军、于长宏，2012；Belenzon，2012；Belenzon & Patacconi，2013）[90-91,13,92,16,21-22,17-18]。Yamakawa 等（2011）认为合作创新可以突破单个企业创新资源不足的限制，获取互补资源，促进企业创新活动的顺利开展，降低和分摊企业开展创新活动的风险和成本等。[93] Hewitt-Dundas（2006）研究发现，企业通过整合可利用的外部创新合作伙伴的资源和能力，可提升自身的创新能力，激励企业开展创新活动。[94] 即企业通过与国内外企业、机构等进行合作创新，可以增加企业可利用的创新资源池，整合利用外部创新资源以提升创新能力，进而提升创新绩效（陈劲、阳银娟，2014）[95]。不难看出，资源观是从企业创新资源的视角解释企业开展内外部技术创新活动的理论基石，在一定程度上解释了企业选择不同技术创新模式以及企业产生差异化创新绩效的内在深层原因。

2.2.2　基于知识观的理论研究

知识基础观的核心观点是企业所拥有的独特知识以及创造和运用知识的能力是企业可持续竞争优势的来源，而且企业是独特知识的承载体（Nonaka 等，1994）[96]。知识是构成企业稀缺无形资源与特有能力的基础，是企业创新活动中最重要的战略性资源（Zack，1999）[97]，其存量决定了企业的创新能力。Cohen& Levinthal（1990）指出具备高知识存量的企业可以更有效地整合利用外部知识，提高企业利用外部知识的效率，增强自身能力，促进企业创新。[24]企业与外部主体的合作有利于知识转移（Hirsch–Kreinsen 等，2005）[98]，通过与伙伴企业、科研院所等机构的创新合作来获取、分享、扩散和创造知识。企业对外部知识的开放程度对企业绩效有积极作用（Caloghirou 等，2004）[99]。因此，识别、吸收和利用外部知识对于企业创新发展至关重要。付敬、朱桂龙（2014）针对广东省 343 家技术中心企业的研究发现企业内外部知识源化战略均对创新绩效产生影响。[12]可以看出，知识观是从知识获取利用的角度解释企业开展内外部技术创新活动的理论基石，也在一定程度上解释了企业选择不同技术创新模式以及企业产生差异化创新绩效的内在深层原因。

2.2.3　基于吸收能力的理论研究

吸收能力是指企业从外部环境获取、消化、转化与应用知识的能力，具有路径依赖和累积的特征，受企业已有知识存量的影响，同时企业开展的创新活动又能够增加自身的知识存量，从而提高自身的吸收能力（Cohen & Levinthal，1990）[24]。Vanhaverbeke 等（2008）将吸收能力拓展至开放式创新的情境中，详细阐述了吸收能力的一系列过程：根据企业发展的需求，企业需要不断识别新的外部知识，然后对识别的外部新知识进行消化，最后对消化的知识进行应用。[100]作为已有能力存量，企业吸收能力的可获得量是影响企业技术创新模式选择的决定性因素（吴晓波、陈颖，2010）[25]。企业应该根据自身的吸收能力选择合适的技术创新模式，企业获取最优创新绩效的关键是把吸收能力与技术创新模式相匹配。而作为动态能力，企业在内外部开展的创新活动所产生的知识流量可以增强吸收能力，进而对创新绩效产生影响（付敬、朱桂龙，2014）[12]。Andrawina 等（2008）讨论了吸收能力、知识共享如何影响创新能力的机制，研究发现，知识共享能力可以提高企业的创新能力，而吸收能力也会增强知识共享能力对创新能力的影响程度。[101]

表 2 - 2   技术创新模式与创新绩效关系的理论基础

理论	代表学者	核心观点	理论贡献
资源观	Barney（1991），Wemerfelt（1995）	企业所拥有和掌握的核心能力与资源是企业在激烈的市场竞争中保持竞争优势的主要来源	从企业资源异质性的视角，在一定程度上解释了企业选择不同技术创新模式以及企业产生差异化创新绩效的内在深层原因
知识观	Nonaka（1994），Zack（1999）	企业所拥有的独特知识以及创造和运用知识的能力是企业可持续竞争优势的来源	从企业知识异质性的视角，在一定程度上解释了企业选择不同技术创新模式以及企业产生差异化创新绩效的内在深层原因
吸收能力理论	Cohen & Levinthal（1990），Zahra & George（2002）	企业需要识别新的外部知识，对识别的外部新知识进行消化，最后对消化的知识进行应用	从企业吸收能力的视角，探讨了企业技术创新模式选择的差异以及产生差异化绩效的内在原因

2.2.4　总结与评论

以资源理论为切入点解释技术创新模式与创新绩效的学者们基本上都认识到，可利用的技术知识是企业开展技术创新活动的最关键的创新资源，获取外部技术知识等稀缺创新资源以实现创新资源的互补是企业开展内外部技术创新合作的主要动机，影响企业技术创新模式的选择。如 Cassiman & Veugelers（2006）的研究发现，企业间的技术互补程度影响企业技术创新模式的选择，如果企业的技术互补程度高，则企业偏好选择技术创新合作模式，否则，偏好选择内部技术创新模式。[68]总之，资源观理论能够在一定程度上从根本上回答企业为何选择不同的技术创新模式的疑问。现有文献已单独研究了企业内部技术创新模式或者外部技术创新模式的选择对企业绩效产生的影响，为本书的研究提供了雄厚基础，但忽略了外部技术创新模式的具体化，或者仅考虑外部技术创新模式其中的一个（产学研合作、创新国际化等），未全面考察现实中企业面临的多元技术创新模式或组合，未打开企业面临的多元技术创新模式之间的作用和关系机制，无法解释是否企业选择的技术创新模式越多元，企业可利用的资源就越多，企业创新绩效就越好的问题。

在企业的所有资源中，知识资源被发现在企业实现差异化（Mcevily & Chakravarthy，2002）[102]、增强创业能力（Galunic&Eisenhardt，1994）[103]和提升企业绩效（Mcgrath 等，1996）[104]等方面具有关键性的作用。知识观突出强调了外部知识源对企业能力的发展作用。开放式创新理论则指出企业可利用的知识不仅仅来自于企业自身，更多的来自于企业与外部创新合作的主体，突出企业在开放式条件下要打破企业边界，开展创新合作，整合利用内外部创新资源，最终实现技术创新的商业化。但是企业在强调从外部获取知识的同时，要更加注意如何将从外部获得的知识转化为自身拥有的特有能力，而在企业将获取的外部知识转化为自身竞争优势的过程中存在一个重要的因素——吸收能力，它在这一过程中发挥着重要作用。根据吸收能力理论，我们可知吸收能力既可以作为静态能力又可以作为动态能力：作为静态能力，影响企业的技术创新模式选择，从而影响企业的创新绩效；作为动态能力，可以通过企业内外部创新活动产生的知识流来提高，但目前已有的文献对于吸收能力这一双重作用一直未得到系统的研究，仅关注吸收能力的一方角色扮演，这不能完全打开企业吸收能力在企业技术创新模式与创新绩效中的作用机制。本书拟从动态和静态两个角度探究企业异质性在技术创新模式组合与创新绩效之间的作用机理。

2.3　企业技术创新模式影响创新绩效的经验研究回顾

2.3.1　单一技术创新模式影响创新绩效的经验研究

（1）企业内部技术创新模式与创新绩效关系的文献回顾

有关企业内部技术创新与创新绩效的研究多发现二者呈正相关关系（Ehie & Olibe，2010；朱平芳、徐伟民，2005；张小蒂、王中兴，2008；刘伟、李丹，2010；吴素春，2014）[105-109]。Mairesse 等（2005）对于法国企业的研究发现创新绩效与企业自身的创新投入呈正相关关系。[110]梅强、戴园园（2012）通过案例对比分析发现企业内部自主创新显著影响创新绩效。[111]吴素春（2014）研究发现，企业内部创新无论是对新产品销售收入还是对专利产出都会产生非常明显的影响，能带来稳定的高创新产出，且促进创新绩效的提升。[109]

（2）国内合作创新与创新绩效关系的文献回顾

开展合作创新可以获取互补资源缓解企业创新资源的约束，保障企业创新活动的顺利进行，降低和分摊创新过程中的风险和成本等（Belderbos 等，2004；Lawson 等，2009；Yamakawa 等，2011；师萍、张蔚虹，2008；王龙伟等，2011；Lin 等，2012）[70,112,93,113-115]。企业与国内机构的合作创新，一方面可以避免由于文化、语言等差异带来的沟通障碍，另一方面可以凭借地理上的"创新集聚效应",提升创新绩效。Simonen & Mccann（2008）利用 Probit 模型证实了合作创新可以正向影响创新绩效,尤其是企业与科研机构的创新合作。[116] Philip & Ian（2013）针对 118 家英国陶瓷表和礼品行业企业的研究发现,企业合作创新强度正向影响创新绩效。[117] Yamakawa 等（2011）针对 5 个产业中 95 家企业 8 年的数据分析发现,企业参加的合作联盟数量对企业绩效产生显著的影响。[93] 樊霞等（2011）针对国内创新合作的研究发现,产学研合作对企业新产品销售收入比重的提升具有显著的正向影响。[21] 吴玉鸣（2009）利用改进后的知识生产函数,以 2000—2006 年中国 31 个省际（不含港澳台）的数据为研究对象,研究表明产学研的 R&D 合作模式对企业创新效果具有明显而稳定的促进作用。但也有学者发现,国内合作创新对创新绩效的影响不明显,甚至负向影响。[118] 如 Love & Roper（2001）在考虑企业同时实施内部研发和外部研发合作时,发现合作创新对企业创新效果的影响不明显。[80] 吴素春（2014）针对国内科企和校企的合作创新研究发现,国内合作创新对企业创新效果的影响都不大,甚至出现负向影响,如科企合作对专利产出的影响以及校企合作对新产品销售收入的影响。[109]

（3）创新国际化与创新绩效关系的文献回顾

目前,国际合作创新即创新国际化已经成为企业提升创新能力、构建竞争优势、实现技术追赶的一种重要战略（Chen 等,2012）[119]。Chen 等（2012）研究指出,创新国际化企业既可通过监控技术机会和进行技术开发,进行探索式学习显著提升创新绩效,也可通过对国外市场、技术等相关信息的利用式学习,拓展现有技术的应用范围,改善创新绩效。[119] Hakanson & Nobel（2001）通过对瑞典多家跨国公司的海外 R&D 机构的调研,指出这些企业技术创新的重要途径是其创新研发国际化。[120] Hagedoorn 等（2000）的研究证明,企业在东道国建立的合作关系能够使企业获取新的、互补性的技术,以改进现有产品和技术,从而使企业价值最大化。[121] Godoe（2000）经过对挪威电信组织的跨国研发联盟（建立在国际电信协会的基础上）长达 10 年（1980—1990）的案例追踪研究发现,亲密和持久的跨国合作更有可能产生突破性创新。[122] 较新的有关创新国际化与企业创新绩效的研究——徐晨和吕萍（2013）以北京地区 ICT 产业和机械制造产业的 259 家企业为例，研究发现，创新国际化（海外制造和海外合作创新）对创新绩效有显著的正向影响。[11]吴素春（2014）研究发现，与境外机构合作能显著增加专利申请量，提升创新绩效。[109]

2.3.2　多元技术创新模式影响创新绩效的经验研究

有学者已开始着手研究不同技术创新模式之间的交互或调节效应对企业创新的影响（付敬、朱桂龙，2014；徐晨、吕萍，2013；陈钰芬、叶伟巍，2013）[12,11,23]，为本研究提供借鉴。如梅强、戴园园（2012）研究发现，外部开放式创新与自主创新的匹配正向影响企业创新绩效。[111]陈钰芬、叶伟巍（2013）基于 209 家中国创新型企业的问卷调查数据，研究发现内部创新和企业纵向合作之间存在着互补关系，企业内部创新的强度可以增强企业开展纵向合作对创新绩效的作用。[23]徐晨、吕萍（2013）以北京地区 ICT 产业和机械制造产业的 259 家企业为例，研究发现内部创新对创新国际化行为与渐进式创新成果之间的关系调节作用明显，验证了企业内部创新可增强创新活动的有效性，从而促进创新绩效提高的结论。[11]

2.3.3　企业异质性影响技术创新模式与创新绩效关系的经验研究

企业异质性是影响企业行为的重要因素（刘刚，2002）[46]。结合企业吸收能力的定义和相关研究，我们可知，在企业创新活动中，企业吸收能力占据相当重要的位置（Veugelers，1997；Kim，1998；Shenkar & Li，1999；Lane 等，2002；Kodama，2008；刘亚军等，2010；马瑞超、张鹏，2013；付敬、朱桂龙，2014）[49-55,12]。Veugelers（1997）[49]利用 290 家荷兰企业的研究表明，吸收能力可以促进企业知识和技术的转移（Shenkar & Li，1999）[51]，有利于新产品的开发，从而提高创新绩效（Kim，1998；Lane 等，2002；陈岩等，

2014)[50,52,9]。企业吸收能力能比较全面地展示出企业之间的差异化特质。因此，本书选取企业吸收能力作为异质性企业的主要衡量标准。

企业异质性——吸收能力在创新活动中扮演"双重角色"：作为已有能力存量，它是影响企业选择技术创新模式的决定性因素（吴晓波、陈颖，2010）[25]，企业应该根据自身的吸收能力选择合适的技术创新模式，获取最优创新绩效的关键的是把吸收能力与技术创新模式相匹配；而作为动态能力，它又可以通过企业在内外部开展的创新活动所产生的知识流量得到增强，进而对创新绩效产生影响（付敬、朱桂龙，2014）[12]。

在内部技术创新模式与创新绩效的相关文献研究中，涉及企业吸收能力的研究多发现企业内部技术创新与吸收能力之间，存在正相关关系，如 Cohen & Levinthal（1990）认为企业自身的创新投入能够提高企业的吸收能力。[43] Vinding（2006）[123]研究中以获得外部知识的效率衡量吸收能力，结果与 Cohen & Levinthal（1990）[43]的发现一致，也发现企业内部的创新投入能够提高获得外部知识的效率，提升吸收能力。刘常勇、谢洪明（2003）的理论研究也指出，企业内部的创新投入不仅可以解决企业遇到的技术上的难题，同时也能够创造新知识，增强企业的吸收能力。[124]上述文献都是基于理论上的解释和阐述，当然，在现有研究中也不乏针对内部技术创新与吸收能力的关系的实证分析。如 Veugelers（1997）以 290 家荷兰企业为研究样本，从内部自主创新的角度实证考察了创新支出与吸收能力的关系，发现随着内部创新投入的增加，企业的知识存量和能力积累将得到改善，企业的知识平台将进一步拓宽，受益于企业这种创新投入的知识溢出效应，企业的吸收能力将会得到提升。[49]同时，已有研究也证实了吸收能力可以加快企业知识和技术的转移（Shenkar & Li，1999）[51]，有利于新产品的研发，最终实现提高企业创新绩效的目的（Kim，1998；Lane 等，2002；陈岩等，2014）[50,52,9]。刘亚军等（2010）则明确指出，吸收能力可以显著正向影响企业的创新绩效。另外，部分学者的研究还涉及了吸收能力对内部技术创新与创新绩效关系的调节机制或者中介机制。[54]马瑞超、张鹏（2013）的研究证实了吸收能力对企业创新绩效的提升具有双重作用——"创新效应"和"调节效应"。[55]付敬、朱桂龙（2014）则利用中介机制研究了企业内部技术创新通过吸收能力的中介对创新绩效的影响，发现企业内部创新投入会对吸收能力产生直接影响，且最终会显著地促进创新绩效的提升。[12]

在外部技术创新模式的国内合作创新与创新绩效关系的文献研究中，关于吸收能力的文献研究发现，吸收能力影响创新绩效的机制存在两种，即调节机制和中介机制。有关中介机制的研究，如曹达华等（2013）在国内校企合作的情境下研究分析企业吸收能力的作用效果时，发现企业的吸收能力会对创新绩效产生中介效应。[125]付敬、朱桂龙（2014）的研究发现，外部创新合作能够提高企业吸收能力，并且通过企业的吸收能力可以显著地促进创新绩效。[12]针对吸收能力调节效应的研究，如吴晓波、陈颖（2010）发现在高吸收能力的情境下，企业可以加大外部合作创新，以获得好的创新绩效。[25]

在外部技术创新模式的创新国际化与创新绩效关系的研究中，有关吸收能力的文献多集中于研究吸收能力的调节效应，如 Penner & Shaver（2005）以日本制药企业为研究对象，探究企业国际化创新活动对创新绩效的影响时，发现企业的吸收能力较强时，国际化的创新活动才能更显著地影响创新绩效。[83]

2.3.4　政府参与影响创新绩效的经验研究

党的十八大报告明确指出：落实创新驱动发展战略的关键是要逐步形成以政府为主导，企业为主体，其他机构积极参与的创新体系。在推进国家创新驱动发展的过程中，分别作为创新驱动的主导和主体力量的政府与企业将扮演着重要的角色。由于单纯依靠市场对创新的激励达不到社会所需的最优创新投入水平（Grossman & Helpman，1991）[126]，需要借助于政府这一"有形之手"的参与，以弥补"市场失灵"。政府凭借资源配置、制度供给和公共服务等手段能够影响企业的创新发展（陈岩等，2014）[9]。自后危机时代以来，中国各级政府的财政科技支出由 2008 年的 2129.21 亿元增长至 2015 年的 7005.8 亿元❶，累计建设国家工程研究中心 132 个，国家工程实验室 158 个，国家认定企业技术中心 1187 家❷，在企业创新发展中发挥了重要的驱动、引领作用。

目前，国内外已有大量文献为政府参与企业创新活动提供了理论基础（Grossman & Helpman，1991；李平、王春晖，2010；刘磊、刘毅进，2012；陈岩等，2014)[126-128,9]。政府作为国家创新体系中最重要的主体之一，具有宏观调配、制定法律法规、规范引导其他创新主体的能力和权力，具有培育市场、维护市场秩序的能力和权力（陈明等，2011)[129]，会对企业的创新活动产生重要的影响。创新活动作为一项高风险、长周期的投资且具有一定程度的"公共产品"的性质，会发生企业开展创新活动的回报率低于其投入率的情况，单纯依靠市场机制来激励创新，会出现创新投入达不到社会所需的最优水平的问题（Grossman & Helpman，1991)[126]，此时就需要借助政府适度的参与来弥补"市场失灵"带来的缺陷（李平、王春晖，2010)[127]。然而已有政府参与与企业创新关系的相关文献仍存在分歧，对二者关系的探讨未取得一致。原因在于仅从政府参与创新的某一方面如经费投入或创新激励等进行研究（朱平芳、徐伟民，2003；李平、王春晖，2010)[106,127]，忽略了政府参与的不同方式以及不同参与方式之间的作用机制。如陈明等（2011）认为产学研合作的有效运行更需要政府参与[129]；朱平芳、徐伟民（2003）利用上海市大中型工业企业的面板数据，研究发现政府的科技激励政策能正向影响企业自筹的 R&D 投入，科技开发贷款显著影响专利产出，相比之下，政府对企业直接的科技开发拨款对专利产出的影响则是间接和不明显的。[106]陈岩等（2014）通过对政府科技资源配置如何影响企业创新投入与产出的实证研究，发现政府科技资源配置中的国家重点实验室等科研机构数的设立对企业创新能力的形成影响更大，科研经费的投入其次，并且正向影响创新产出。[9]而张青等（2006）针对上海市的研究发现，由于政府的科技投入存在资金冗余，反而不利于企业

---

❶　数据来自中国国家统计局网站公布的 2008 年和 2015 年全国科技经费投入统计公报。
❷　数据来自中国国家统计局网站公布的 2015 年国民经济和社会发展统计公报。

的创新产生。[130]与张青等（2006）[130]观点相似的还有 Lach（2002）[131]、王一卉（2013）[132]等。如 Lach（2002）发现政府在 R&D 上的补贴对大企业的创新投入具有反作用，[131]王一卉（2013）针对中国国有企业的研究也发现，政府补贴会导致企业创新绩效的下降[132]。

虽然影响企业创新绩效的主要因素还是来自企业内部因素（陈岩等，2014）[9]，但其外在的情境因素也会对企业创新活动的效果产生重要影响。政府参与是影响企业创新活动效果的一个重要外在情境因素。为进一步探讨政府参与方式对企业创新活动的影响，笔者在宋磊、朱天飚（2013）[44]的研究基础上，将政府参与方式划分为横向政府参与和纵向政府参与，打开政府参与的类型。即横向政府参与主要指不涉及具体企业（产业）的一般性的介入，包含政府对知识产权、市场交易秩序等制度性基础设施的影响；所谓纵向政府参与主要指针对特定企业（产业）的有选择的介入，包含政府针对某一企业（产业）设立的科研机构、经费投入以及产业政策等。横向政府参与可以为企业创新活动提供良好的知识产权保护环境和创新所需的市场交易环境，激励企业开展创新活动，促进企业创新发展；纵向政府参与可以为企业提供特有的创新激励，如国家重点实验室、国家工程中心和国家级企业技术中心等某一企业特有的科研机构或者政府的科研经费投入等，都可以丰富企业创新所需的资源，提高企业开展创新的能力，促进企业的创新发展。

2.3.5 文献评论

通过上述文献回顾，我们发现已有研究对单一技术创新模式尤其是内部创新与国内合作创新对企业创新绩效的研究已比较成熟，不足之处主要表现在：

第一，在技术创新模式与创新绩效方面，缺乏针对不同技术创新模式共同作用下对企业创新绩效的研究，即忽略了企业内部多种技术创新模式并存的事实。在开放式创新环境下，企业在内部创新的同时可以依托于全球的创新资源，通过国内创新合作和创新国际化等形式提升创新绩效。目前的文献仅研究了不同技术创新模式单独对创新绩效的影响，忽略了技术创新模式之间的交互或调节效应及其对企业差异化创新绩效的影响。尽管少数文献已开始突破上述研究的限制，着手研究不同技术创新模式之间的交互或调节效应对企业创新的影响（付敬、朱桂龙，2014；徐晨、吕萍，2013；陈钰芬、叶伟巍，2013）[12,11,23]，为本书研究提供借鉴，但集中于将企业外部的技术创新模式看作一个整体，未根据企业创新网络边界的拓展进行细化，其研究结论可能存在偏颇，对企业究竟该如何根据自身特质选择合适的技术创新模式组合的指导意义不足。

第二，在不同技术创新模式之间的关系方面，我们发现，对企业内外部技术创新模式关系的已有研究中，将企业外部技术创新看作一个整体即合作创新或研发，忽略了由企业研发网络边界拓展而产生的技术创新模式的差异，即未将外部技术创新模式进行细化分类。此外，已有研究对内外技术创新模式的关系未达成一致观点仍存在争议（替代、互补或不明显），本书拟通过对外部技术创新模式的细化分类探究不同技术创新模式之间的关系，以及进一步探讨它们之间存在的关系对企业创新绩效的影响机制。

第三，在企业异质性与创新绩效关系方面，忽略了企业吸收能力在多元技术创新模式选择与创新绩效之间扮演的"双重角色"；企业吸收能力是影响企业选择技术创新模式的决定性因素，企业应该根据自身的吸收能力来选择合适的技术创新模式，即选择与自身吸收能力相匹配的技术创新模式或组合是企业获取最优创新绩效的关键。作为已有能力存量，它能够影响技术创新模式组合与企业创新绩效之间的关系强度；而作为动态能力，企业在内外部开展的创新活动所产生的新知识又可以增强它，但目前文献对于吸收能力这一双重作用一直未得到系统的研究，本书拟从动态和静态两个角度探究企业异质性在技术创新模式组合与创新绩效之间的作用机理。

第四，政府参与作为影响企业技术创新活动的重要外在情境因素，会对企业创新活动的效果产生重要影响。已有文献集中于研究政府 R&D 投入、政府补贴、科技资助、创新激励、知识产权保护等方面（Geisler，1997；朱平芳、徐伟民，2003；李平、王春晖，2010；陈明等，2011）[133,127,106,129]，多研究政府参与和企业创新行为之间的直接效果，忽略了政府不同参与方式的差异化影响，会对企业多元技术创新模式和创新绩效关系的研究结论造成偏差。政府参与根据参与的方向性可划分为横向参与和纵向参与。政府参与中的横向参与（如区域知识产权保护程度、区域市场化程度、区域中的技术市场发展状况以及金融发展水平）能为企业的创新活动提供良好的基础性制度设施，影响吸收能力的作用效果；纵向政府参与（如针对企业的科技资源配置、激励、政治关联的强度等和针对行业的扶持政策等）通过为特定企业提供创新激励或资源配置等会对企业的吸收能力产生影响，从而影响绩效。因此，本书拟考察政府参与的方向性对企业技术创新模式组合与创新绩效关系的影响，为政府支持、参与企业创新活动提供具有针对性的建议。

综上，本书着眼于吸收能力的"双重角色"，通过一个系统的框架，首先考察不同企业技术创新模式组合与企业创新绩效之间的直接关系，以及构成技术创新模式组合的不同技术创新模式之间的关系，然后考察不同技术创新模式组合和企业吸收能力的匹配对创新绩效的影响（即吸收能力的调节机制），再考察选定的技术创新模式组合通过企业吸收能力对创新绩效产生的影响（即吸收能力的中介机制）；最后再引入企业所面临的两个方向上的重要外在情境因素——政府参与，对吸收能力双重作用机制的影响，以期为企业要选择哪一种技术创新模式组合提供最具针对性的建议。同时通过比较两个方向上的政府参与的效果，为政府如何参与企业创新活动以获得最优的创新绩效提供借鉴。

第三章 技术创新模式组合对企业创新绩效的直接影响分析

以全球视野谋划和推进企业创新是我国落实创新驱动发展战略的基本要求。作为创新主体的企业，在开放式背景下要依托于全球创新资源的整合，积极融入全球创新网络，推进产学研深度融合和加强全方位的国际创新合作以提升自主创新能力，获得优秀的创新绩效。在现实的企业创新活动中，充分利用外部资源以缓解企业内部创新资源的约束，成为现今多数企业维持竞争优势、提升创新绩效的主要创新战略选择。当前，企业很难仅仅依靠自身有限的资源和能力为开展创新活动提供所需要的综合化、复杂化的技术。企业开始寻求通过多种方式和渠道（国内创新合作和创新国际化等）加强与外部组织机构的合作，以获取外部资源（Chesbrough，2003；陈劲、吴波，2012）[134,28]。虽然关于企业技术创新模式与创新绩效的已有研究发现企业内部技术创新、合作创新和创新国际化等都能够提升企业创新绩效（付敬、朱桂龙，2014；徐晨、吕萍，2013）[12,11]，但目前仍然存在这样的疑问：企业技术创新模式与企业差异化创新绩效（突破式、渐进式）之间究竟存在着怎样的关系？企业内并存的多元技术创新模式之间存在着怎样的关系，且这一关系如何影响企业创新绩效？是否所有的企业都可以进行多元化技术创新模式的组合，以及企业究竟该如何选择合适的技术创新模式组合？目前，相关文献虽然考察了内部创新和外部知识来源的交互效应对企业创新绩效的影响（Schmiedeberg，2008；Hage-doorn & Wang，2012；陈钰芬、叶伟巍，2013）[26-27,23]，为本研究提供了重要的研究基础，但其既忽略了对企业差异化创新效果的影响，且将外部技术创新模式看作一个整体，未打开企业外部技术创新模式，不能够很好地回答企业要获得最优的创新绩效应采取什么样的技术创新模式或组合。因为根据产品的变动程度，企业追求的创新绩效可以区分为突破式创新绩效与渐进式创新绩效，而作为影响企业创新绩效的重要因素——技术创新模式，可能会对企业追求的差异化创新绩效产生不同的影响。为进一步探究不同技术创新模式组合对企业差异化创新绩效的影响机制，本章将企业技术创新模式组合、企业创新绩效（突破式创新绩效和渐进式创新绩效）放在同一研究框架内，考察技术创新模式组合对企业差异化创新效果产生的不同影响，为企业获得最优创新效果提供具有针对性的建议，促进企业的创新发展，进而加快我国创新驱动发展战略的实施进程。

3.1 理论分析与假设

3.1.1 单一技术创新模式对企业创新绩效的影响

内部技术创新模式是企业为获取技术知识、增强企业技术创新能力以在市场竞争中占据有利地位和保持竞争力而进行新产品开发的一种技术创新模式。企业内部自身的技术创新投入是影响企业创新绩效的决定性因素。目前有关企业内部技术创新投入与创新绩效的研究文献多发现二者呈正相关关系（Ehie & Olibe, 2010；朱平芳、徐伟民, 2005；张小蒂、王中兴, 2008；刘伟、李丹, 2010；吴素春, 2014）[105-109]。陈岩等（2014）针对我国高科技创新型企业的样本数据研究发现，企业内部的创新投入是影响企业创新绩效的最主要因素。[9]吴素春（2014）的研究发现，企业内部创新无论是对新产品销售收入还是对专利产出都会产生非常重要的影响，能带来专利的稳定高产出，决定着企业创新绩效的提升。[109]

　　然而在开放式创新条件下，企业除了依靠内部技术创新提升创新绩效外，还可以通过与国内外组织或机构的合作等提升创新绩效。企业的国内合作创新模式可以使企业从外部获得互补性的创新资源，缓解单一企业创新资源的约束，保证企业顺利开展创新活动，降低和分摊创新活动中的风险和成本等（Belderbos 等，2004；Lawson 等，2009；Yamakawa 等 2011；师萍、张蔚虹，2008；王龙伟等，2011；Lin 等，2012）[70,112,93,113-15]。Simonen & Mccann（2008）的研究利用 Probit 模型证实了合作创新显著正向影响企业的创新绩效，尤其是企业与国内科研机构的创新合作。[116]Yamakawa 等（2011）选取 5 个产业中 95 家企业的数据为研究对象，发现企业参加的合作创新联盟数量对创新绩效产生显著的影响。[93]吴玉鸣（2009）将 2000—2006 年中国 31 个省际（不含港澳台）数据作为研究样本，结果表明产学研的合作创新模式对企业技术产出具有明显而稳定的促进作用。[118]陈岩等（2014）研究发现，国内的产学研合作创新能提升企业创新绩效。[9]

　　目前企业创新网络的边界已逐步跨越国家边界，由国内向国外拓展。如何通过国际化途径获取并利用全球的创新资源，已成为企业在全球竞争中制胜的重要法宝。企业创新国际化已经成为企业提升创新能力、构建创新竞争优势、实现技术追赶的一种重要战略（Hakanson & Nobel，2001；Chen 等，2012）[119-120]。Hakanson & Nobel（2001）实地调研瑞典多家跨国公司的海外 R&D 机构后，指出这些企业开展技术创新的重要基础和保障是创新研发国际化[119]。Chen 等（2012）的研究指出，开展创新国际化的企业，既能够通过探索式学习（如通过监控当地的技术机会进行技术开发）显著提升创新绩效，也可通过对国外市场、技术信息的利用式学习，拓展已有技术的应用范围，从而改善企业的创新绩效。[120]Hagedoorn 等（2000）的研究证明企业在东道国建立的合作关系能够使企业获取新的互补性的技术，改进现有的产品和技术，从而使企业绩效最大化。[121]Godoe（2000）经过对挪威电信组织的跨国创新研发联盟（建立在国际电信协会的基础上）长达 10 年的案例追踪研究发现，亲密和持久的跨国创新合作更有可能产生突破性创新。[122]目前有关创新国际化与企业创新绩效的研究发现，海外合作创新对企业突破式创新绩效有显著的正向影响（徐晨、吕萍，2013）[11]。吴素春（2014）研究发现，企业与境外机构的创新合作能显著增加专利申请量，提升企业创新绩效。[109]

由此，本部分提出以下假设：

H1a：内部技术创新模式正向影响企业的创新绩效；

H1a1：内部技术创新模式正向影响企业的突破式创新绩效；

H1a2：内部技术创新模式正向影响企业的渐进式创新绩效。

H1b：国内合作技术创新模式正向影响企业的创新绩效；

H1b1：国内合作技术创新模式正向影响企业的突破式创新绩效；

H1b2：国内合作技术创新模式正向影响企业的渐进式创新绩效。

H1c：创新国际化技术创新模式正向影响企业的创新绩效；

H1c1：创新国际化技术创新模式正向影响企业的突破式创新绩效；

H1c2：创新国际化技术创新模式正向影响企业的渐进式创新绩效。

3.1.2　技术创新模式组合对企业创新绩效的影响

在当前竞争日益激烈的市场环境中，企业很难仅仅依赖自身有限的资源和能力满足技术创新所需的技术综合化和复杂化的要求，开始寻求通过多种方式和渠道（国内合作创新和创新国际化等）加强与外部机构的创新合作，因此，企业选择的技术创新模式日趋组合化、多元化。企业在加强内部技术创新的同时也选择国内创新合作和创新国际化等，以提升创新绩效。Love & Roper（1999）对同时开展内部创新和外部创新活动的企业进行研究，发现如果一个企业进行外部创新活动的同时开展内部独立创新活动，那么企业的创新绩效会得到提高。[19]徐晨、吕萍（2013）以北京地区 ICT 产业和机械制造产业的 259家企业为研究对象，发现内部创新能增强创新国际化行为与创新绩效的关系程度。[11]陈钰芬、叶伟巍（2013）的研究证实，企业内部创新和外部知识搜寻之间存在着互补性的关系，且这种互补作用能够促使企业提高创新绩效。[23]一方面，内部技术创新模式能够直接提升企业的创新绩效；另一方面，内部技术创新也能增强企业识别、消化和利用外部资源的能力，促使企业更频繁地参与外部技术创新合作（Negassi，2004）[135]，最终使企业获得更好的创新绩效。作为企业外部技术创新模式的两大主要模式——国内创新合作和创新国际化，既能对企业创新绩效产生直接影响，也能通过与企业内部技术创新模式组成不同的组合对企业创新绩效产生重要影响。国内创新合作和创新国际化都能够拓展企业的地理边界，利于企业获取开展技术创新活动所需要的技术、知识、人才、信息等稀缺的创新资源（汪成珏，2015）[136]，拓展企业可获得的、可利用的创新资源总量，提升企业的创新能力和创新绩效。

根据产品创新变动的程度，可将创新绩效划分为突破式创新绩效和渐进式创新绩效。突破式创新绩效是针对改变很大的、具有根本性突破的全新产品的销售；渐进式创新绩效则是逐渐改变的、变动较小的新产品销售。相对于渐进式创新绩效，企业要获得更好的突破式创新绩效，需要破坏原有的技术轨道，探寻一种全新的技术轨道，更需要借助于国内外的创新合作。

因此，本书提出以下假设：

H2a：仅有企业内部技术创新模式的组合对企业突破式创新绩效的影响小于对渐进式创新绩效的影响；

H2b："企业内部技术创新模式 + 国内合作创新模式"的组合对企业突破式创新绩效的影响大于对渐进式创新绩效的影响；

H2c："企业内部技术创新模式 + 创新国际化模式"的组合对企业突破式创新绩效的影响大于对渐进式创新绩效的影响；

H2d："企业内部技术创新模式 + 国内合作创新模式 + 创新国际化模式"的组合对企业突破式创新绩效的影响大于对渐进式创新绩效的影响。

3.1.3　组合内技术创新模式之间的关系

一个企业选取的技术创新模式组合即企业同时并存的多元技术创新模式之

间存在着互补或替代的关系。当企业同时采取两种行为活动时，如果提高其中一个活动的强度，能对另外一种活动的收益产生正向影响，那么可以认为这两种活动具有互补性（汪成珏，2015）[136]。针对内部技术创新模式与国内合作创新的关系以互补论为主，虽然 Love & Roper（2001）针对德国企业的研究在考虑到企业内并存内部创新和外部合作创新的事实情况时，没有验证通过内部创新和外部合作创新之间的替代性或互补性关系，[80]但 Colombo（1995）的研究观点则与之不同，他发现创新合作与企业内部创新可以相互促进，二者之间存在着显著的正相关关系。[137]Abramovsky（2005）的研究发现企业的内部技术创新与合作创新具有正向的影响关系。[138]Cassiman & Veugelers（2006）针对比利时制造业企业的研究结论与 Abramovsky（2005）[138]保持一致，发现内部创新和创新合作协议之间具有正相关关系。[68]Schmiedeberg（2008）也证实了企业内部创新、创新研发协议以及创新合作之间的互补性关系在德国制造业中存在。[26]Belderbos 等（2006）运用西班牙 1990—1996 年的面板数据证明了企业内部研发创新与创新研发协议之间具有互补性关系。[139]针对创新国际化与企业内部技术创新模式的关系，Penner & Shaver（2005）在研究日本制药企业的国际研发创新活动对企业创新绩效的影响时，发现当企业的内部创新较强时，国际研发创新活动对以专利产出衡量的创新绩效的影响才更显著，即企业的创新国际化活动与内部技术创新模式之间存在互补性关系。[83]徐晨、吕萍（2013）以北京地区 ICT 产业和机械制造产业的 259 家企业为例，研究发现内部创新能增强不同形式的创新国际化行为与创新绩效的关系程度。[11]

因此，根据上述观点，提出以下假设：

H3：内部技术创新模式与国内合作创新模式之间存在互补性关系；

H3a：内部技术创新模式与创新国际化之间存在互补性关系；

H3b：国内合作创新模式与创新国际化之间存在互补性关系。

综上，本章节的研究框架如图 3-1 所示。

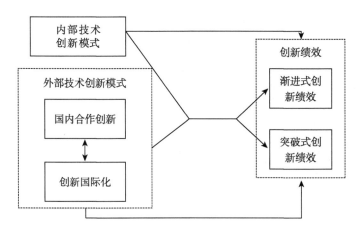

图 3 - 1   基于直接影响分析的研究框架

3.2   研究设计

3.2.1   数据来源与样本选择

本书使用的数据主要来自于中国创新型（高科技）企业数据库，这一数据库横跨东中西，涉及全国 30 多个省市的制造业企业。经过对数据库样本的筛选，最终采用了在 2008—2011 四年间连续营业且数据完整的 406 家制造业企业作为研究样本，共计有效观察值 1624 个。该数据库详细地记录了有关企业的数据，如企业总资产、所属行业、所在省市、利润总额、总销售收入、R&D 人员数目、从业总人数、内部 R&D 投入、R&D 总投入、是否有国内创新合作、是否有国际创新合作、企业当年被受理的发明专利申请数以及在企业新产品销售收入中对国际新产品销售收入、国内新产品销售收入和企业新产品销售收入有着明确的分类统计。另外，有关行业研发资本的数据来自2008—2011年中国国家统计局每年公布的《全国科技经费投入统计公报》，里面有分行业规模以上工业企业研究与试验发展（R&D）经费支出情况的统计。行业销售收入则来自中国国家统计局年度数据里公布的"按行业分规模以上工业企业主要经济指标"。样本技术创新模式组合的选择如表 3 - 1 所示，可以看出选择多元技术创新模式组合的样本观测值占到 85.66%。

表 3 - 1 技术创新模式组合

技术创新模式组合	观测值	比重
仅有内部技术创新	233	14.34%
内部技术创新 + 国内合作创新	1215	74.82%
内部技术创新 + 创新国际化	11	0.68%
内部技术创新 + 国内合作创新 + 创新国际化	165	10.16%
总计	1624	100%

3.2.2 模型设计

为实证探究技术创新模式组合与企业创新绩效的直接关系，本章从企业层面构建了一个影响创新绩效的计量模型，基本形式如下所示，

$$创新绩效 = f(技术创新模式组合、控制变量、\xi)$$

考虑到技术创新模式选择的内生性问题，本章利用联立方程构建模型，具体如模型（3 - 1）所示，将企业规模、人力资本、吸收能力和营销能力作为影响技术创新模式选择的前置变量，研究技术创新模式或组合与创新绩效的关系。

$$\begin{cases} YF_t = \alpha_1 SIZE_{t-1} + \alpha_2 HR_{t-1} + \alpha_3 FA_{t-1} + \alpha_4 MC_{t-1} + \varepsilon \\ PER_t = \beta_1 YF_{t-1} + \beta_2 FA_{t-1} + \beta_3 MC_{t-1} + \beta_4 IR_{t-1} + \beta_5 MI_{t-1} + \varepsilon \end{cases} \quad 模型（3 - 1）$$

其中，YF 代表技术创新模式或组合，PER 代表创新绩效，$SIZE$ 代表企业规模，HR 代表企业人力资本，FA 代表企业吸收能力，MC 代表企业营销能力，IR 代表行业技术机会，MI 代表区域市场化程度，ε 代表残差项，t 代表研究样本时间。第一段考察影响技术创新模式组合选择的前置影响因素，第二段考察技术创新模式组合与创新绩效的关系。

3.2.3 变量定义

技术创新模式（YF），基于 Veugelers & Cassiman（1999）、Claudio & Viva-relli（2004）和 Love & Roper（2002）的研究[1]，将企业技术创新模式划分为内部创新和外部创新。另外，结合政府突出融入国际创新网络在推动创新驱动发展过程中的重要性的背景，本研究根据创新研发网络的地理边界拓展以及合作的对象，将外部技术创新研发方式又再次划分为国内合作创新（包含企业与国内科研机构合作、与国内高校合作、与国内其他企业合作等）和创新国际化（包含企业设立海外研发机构、与境外机构合作等）两种，即本研究涉及的技术创新模式共包含三种——企业内部技术创新、国内合作创新和创新国际化等，以检验多元技术创新模式或他们之间的关系对企业创新的影响。本研究以是否有产学研合作创新投入衡量国内创新合作模式（CRD），"有"赋值为1，否则为0；以是否有境外合作创新研发机构衡量创新国际化（ARD）模式，"有"赋值为1，否则为0。由于本研究选取的样本为高科技创新型企业，因此企业都具有内部创新投入，差异主要表现在投入强度的不同，因此，本研究以内部创新投入占总销售收入的比重表示内部技术创新模式（IRD）。

技术创新模式组合，在划分技术创新模式类型的基础上，以企业内部创新为基础，本研究对技术创新模式组合的划分又分成四种类型，即仅有内部技术创新模式的组合、"内部技术创新 + 国内合作创新""内部技术创新 + 创新国际化"和"内部技术创新 + 国内合作创新 + 创新国际化"。以 S1 表示仅有内部创新的技术创新模式组合，即当 CRD 和 ARD 都为 0 时，赋值为 1，否则为0；S2 表示"内部技术创新 + 国内合作创新"的技术创新模式组合，即当 CRD

---

[1] Steenma & Fairbank（2001）从企业边界角度将创新研发分为内部研发、合作研发和研发联盟等形式；Nakamura & Odagiri（2005）将研发划分为内部研发、合作研发和委托研发等；Claudio & Viva-relli（2004）和 Love & Roper（2002）则将技术创新研发划分为内部研发和外部研发。Veugelers & Cas-siman（1999）则依据创新研发知识来源的不同，将技术创新研发分为来自企业内部，来自其他企业、来自研究机构以及来自其他途径等几类。

为 1 且 ARD 为 0 时，赋值为 1，否则为 0；S3 表示"内部技术创新＋创新国际化"的技术创新模式组合，即 CRD 为 0 且 ARD 为 1 时，赋值为 1，否则为 0；以 S4 表示"内部技术创新＋国内合作创新＋创新国际化"的技术创新模式组合，即 CRD 和 ARD 都为 1 时，赋值为 1，否则为 0。

创新绩效（PER），针对创新绩效的衡量已有研究倾向于选取新产品销售收入、申请/授权专利数量以及企业发明专利的存量等产出指标来衡量（Hagedoorn & Cloodt，2003；陈岩等，2014)[41,9]。在现有研究中，产品创新对企业长远、可持续的创新发展的重要性已得到广泛认可（Montalvo，2006)[38]，企业能否成功推出新产品是其获得竞争优势和持续生存的关键（Balachandra & Friar，1997)[39]。结合前文"1.2.2 核心概念界定"，本书所指的创新绩效主要是指企业产品的创新绩效。通过文献研究我们知道，产品创新绩效又可根据产品的改变程度划分为突破式创新绩效和渐进式创新绩效（徐晨、吕萍，2013)[11]，本书对创新绩效的衡量以新产品销售收入表示，以国际新产品销售收入表示突破式创新绩效（RI），以企业新产品和国内新产品销售收入表示渐进式创新绩效（II）。

控制变量包含企业规模、营销能力、人力资本、企业异质性、行业技术机会及市场化指数等。企业规模（SIZE）是影响技术创新的重要因素（孙晓华、周玲玲，2010)[140]，在本书中以企业的总资产来衡量（取自然对数）并控制由企业规模引起的结果波动。企业营销能力（MC），以利润总额/总销售收入表示，一方面，其代表了企业在市场中活动能力的大小，反映了企业应对市场的能力（徐鹏、徐向艺，2013)[141]；另一方面，相对来说，高利润率的企业将有更多可用的资金投入到创新研发活动中。人力资本（HR），以 R&D 人员占比表示，企业中 R&D 人员的占比越高说明企业越突出创新研发，企业的创新能力一般也越强（梁莱歆、曹钦润，2010)[142]。企业异质性（FA），以吸收能力表示，主要指企业从外部环境获取、消化、转化与应用知识的能力，与多数学者研究保持一致（付敬、朱桂龙，2014)[12]，以企业当年被受理的发明专利申请数表示。行业技术机会（IR），以行业研发资本/行业总销售表示，技术机会高的行业，技术更新速度更快，竞争更激烈，进而影响企业的创新（Wang 等，2009）[143]。区域市场化程度（MI）和制度是影响企业创新的重要因素，而区域市场化指数是区域制度差异的重要体现，因此本书选用来自樊纲等（2017）《中国分省份市场化指数报告（2016）》[144]。具体的变量定义参见表 3－2。

表 3－2　基于直接影响分析的变量定义❶

变量名称			定义
因变量	创新绩效（PER）	突破式（RI）	国际新产品的销售收入
		渐进式（II）	国内和企业新产品的销售收入
自变量	技术创新模式（YF）	内部技术创新（IRD）	以内部创新投入占总销售收入的比重表示
		国内合作创新（CRD）	是否有产学研合作投入衡量，有赋值为 1，否则为 0
		创新国际化（ARD）	是否有境外合作研发机构衡量，有赋值为 1，否则为 0
		组合模式 S1	虚拟变量，当 CRD 和 ARD 都为 0 时，赋值为 1，否则为 0
		组合模式 S2	虚拟变量，当 CRD 为 1 且 ARD 为 0 时，赋值为 1，否则为 0
		组合模式 S3	虚拟变量，当 CRD 为 0 且 ARD 为 1 时，赋值为 1，否则为 0
		组合模式 S4	虚拟变量，当 CRD 和 ARD 都为 1 时，赋值为 1，否则为 0
控制变量	人力资本（HR）		R&D 人员/总人数
	企业规模（SIZE）		企业总资产
	营销能力（MC）		营业利润/总收入
	企业异质性（FA）		企业当年被受理的发明专利申请数
	行业技术机会（IR）		行业研究开发费用/行业销售收入
	市场化指数（MI）		《中国分省份市场化指数报告（2016）》

---

❶　其中变量突破式创新绩效、渐进式创新绩效和吸收能力的原始数据中存在包含 0 的情况，为保证数据的有效性，取自然对数是在原始数据上加 1 进行的。

3.3 直接影响的实证结果与分析

3.3.1 描述性统计

表 3-3 显示了变量的均值、最大值、最小值和标准差，以展示样本企业的主要特征。由此可知，样本企业之间的突破式创新绩效与渐进式创新绩效的差异明显，标准差分别为 4.998 和 3.093，初步说明研究我国高科技（创新型）企业的差异化创新绩效有着必要性。样本企业的内部技术创新模式（IRD）的均值为 0.9，标准差为 0.138，说明我国高科技创新型企业注重内部创新投入，企业之间的差异不大；国内合作创新模式（CRD）的均值为 0.850，标准差为 0.357，说明我国高科技创新型企业重视国内合作创新，但是企业之间的差异相较于内部技术创新模式而言较大；创新国际化的技术创新模式（ARD）的均值为 0.108，标准差为 0.311，说明样本企业对创新国际化的重视不够且企业差异比较明显。对于样本企业的技术创新模式组合来说，以"内部技术创新+国内合作创新"的技术创新模式组合为主，但企业之间的差异也比较大（S2 的均值为 0.748，标准差为 0.434）；样本企业对"内部技术创新+创新国际化"的技术创新模式组合的重视不足，S3 的均值仅为 0.007。此时，初步的变量统计分析为我们研究企业突破式创新绩效与渐进式创新绩效为何存在差异提供了思路，即企业选择的差异化技术创新模式或组合究竟是否引起了企业创新绩效的差异化。

另外，在控制变量方面，从企业规模（SIZE）、企业营销能力（MC）、企业异质性（FA）和区域市场环境（MI）等角度展示了样本企业的多样性和差异性。如差异最为明显的是企业营销能力，标准差为 117.278。

表 3 - 3　基于直接影响分析的变量描述性统计

变量	均值	最小值	最大值	标准差
RI	4.243	0	15.941	4.998
II	10.664	0	17.451	3.093
IRD	0.900	0	1	0.138
CRD	0.850	0	1	0.357
ARD	0.108	0	1	0.311
S1	0.143	0	1	0.351
S2	0.748	0	1	0.434
S3	0.007	0	1	0.082
S4	0.102	0	1	0.302
SIZE	12.688	7.841	19.524	2.069
HR	0.038	0	0.491	0.057
MC	105.581	0.364	1205.617	117.278
FA	2.509	0	8.034	1.625
IR	0.014	0.001	0.025	0.006
MI	6.242	0.060	9.180	1.572

3.3.2　相关性检验

由表 3 - 4 可以看出，除因变量外，其他变量间的相关系数均低于 0.6，说明变量间不存在严重的多重共线性问题，可以直接进行回归且估计结果可信。

结合表 3 - 4 还可以发现内部技术创新（IRD）、国内合作创新（CRD）和创新国际化（ARD）三种技术创新模式之间存在着正相关的关系，初步证明企业内并存的三种技术创新模式之间存在互补性，即假设 3、假设 3a 和假设 3b 得到初步证实。但这种相关性只是其具有互补性的一个必要条件（Arora，1996）[145]，不能证明三者之间确实具有互补性，因为这种相关性还有可能是由于未考虑的其他因素或者是系统误差造成的，对于互补性的证明在本书的 3.3.4 部分再进行详细说明。

表 3 - 4　关于直接影响分析的变量相关系数

	IRD	CRD	ARD	SIZE	HR	MC	FA	IR	MI
IRD	1								
CRD	0.076	1							
ARD	0.021	0.086	1						
SIZE	0.014	0.158	0.255	1					
HR	0.079	0.056	0.030	0.015	1				
MC	0.063	0.023	0.007	0.110	0.008	1			
FA	0.039	0.008	-0.038	0.050	0.022	0.117	1		
IR	0.005	-0.012	0.045	-0.007	0.143	-0.111	-0.130	1	
MI	0.039	0.021	0.159	0.209	-0.055	0.032	-0.006	0.065	1

另外，本部分还对各变量与因变量之间的相关性进行了检验，如表 3 - 5 所示。发现内部技术创新（IRD）、国内合作创新（CRD）和创新国际化（ARD）都分别与突破式创新绩效（RI）和渐进式创新绩效（II）存在着正相关的关系，假设 H1a1、H1a2、H1b1、H1b2、H1c1 和 H1c2 得到初步的验证。但技术创新模式组合与创新绩效的关系出现了差异，如内部技术创新模式组合（S1）与企业的渐进式创新绩效（II）之间存在着正相关的关系，而与突破式创新绩效（RI）之间存在着负相关的关系。详细的回归分析见 3.3.3。

表 3 - 5　因变量与其他变量的相关系数

	RI	II
IRD	0.113	0.2
CRD	0.018	0.191
ARD	0.027	0.208
S1	-0.141	0.003
S2	0.008	0.017
S3	0.037	0.017
S4	0.164	0.016
SIZE	0.037	0.546
HR	-0.019	0.006
MC	0.119	0.059

续表

	RI	II
FA	0.250	0.001
IR	− 0.056	− 0.161
MI	− 0.022	0.207

3.3.3　回归分析

（1）单一技术创新模式与企业创新绩效

表3－6呈现了单一技术创新模式与企业突破式创新绩效和渐进式创新绩效的关系。模型1和模型2分别考察的内部技术创新模式与企业突破式创新绩效和渐进式创新绩效的影响，模型3和模型4考察的是国内合作创新分别与企业突破式创新绩效和渐进式创新绩效的关系，模型5和模型6考察的是创新国际化分别与企业突破式创新绩效和渐进式创新绩效的关系。

由模型1和模型2知，内部技术创新模式（IRD）对突破式创新绩效（RI）和渐进式创新绩效（II）正相关，系数分别是0.780和0.840，验证假设H1a1和H1a2。与多数研究保持一致，为在市场中获得持续优势地位，企业内部技术创新既有对原有产品进行根本性改变也有对原有产品的渐进式改革，因此，内部技术创新模式对突破式创新绩效和渐进式创新绩效产生正向影响。由模型3和模型4知，国内合作创新模式（CRD）与突破式创新绩效（RI）和渐进式创新绩效（II）的回归系数分别是0.272和0.308，证实国内合作创新与突破式创新绩效和渐进式创新绩效正相关，通过国内合作创新，企业可以获得国内其他机构的创新资源，提升突破式创新绩效和渐进式创新绩效，支持假设H1b1和H1b2。由模型5和模型6知，创新国际化（ARD）与突破式创新绩效（RI）和渐进式创新绩效（II）正相关，系数为0.129和0.157，证实了假设H1c1和H1c2。创新国际化通过与当地客户、竞争对手、大学和研究等机构进行创新合作，整合利用当地的创新资源，既可以将自身原有的创新产品根据当地的消费者偏好和风俗习惯等进行改变，又可以通过监测东道国企业的技术发展动向，掌握技术的变动，探索新技术，提升突破式创新绩效和渐进式创新绩效。

表3-6　单一技术创新模式与创新绩效

第一阶段	模型1	模型2	模型3	模型4	模型5	模型6
	IRD	IRD	CRD	CRD	ARD	ARD
SIZE	0.026	0.027	0.408***	0.347***	0.501***	0.563***
	(1.13)	(1.16)	(6.12)	(5.21)	(9.22)	(10.40)
HR	0.201***	0.200***	0.343*	0.338*	0.223	0.225
	(3.01)	(2.99)	(1.79)	(1.76)	(1.42)	(1.45)
FA	0.000*	0.000*	0.000*	0.000*	0.000*	0.000*
	(1.90)	(1.90)	(1.96)	(1.93)	(1.89)	(1.92)
MC	0.000**	0.000**	0.000	0.000	0.000	0.000
	(2.05)	(2.05)	(0.56)	(0.65)	(0.76)	(0.87)
_CONS	0.824***	0.822***	-0.222	-0.068	-1.147***	-1.305***
	(14.13)	(14.08)	(-1.32)	(-0.41)	(-8.40)	(-9.58)

	(1)	(2)	(3)	(4)	(5)	(6)
第二阶段	因变量					
	RI	II	RI	II	RI	II
自变量 IRD	0.780***	0.840*				
	(2.91)	(1.96)				
自变量 CRD			0.272*	0.308***		
			(1.94)	(3.38)		
自变量 ARD					0.129***	0.157***
					(2.27)	(8.71)
控制变量 FA	0.745***	0.015	0.751***	0.013	0.751***	0.013
	(3.35)	(0.61)	(3.45)	(0.51)	(3.44)	(1.02)
控制变量 MC	0.005***	0.001	0.005***	0.001	0.005***	0.001
	(4.00)	(1.60)	(4.13)	(1.48)	(4.10)	(1.63)
控制变量 IR	-0.588*	-1.342***	-0.591*	-1.308***	-0.572*	-1.173***
	(-1.87)	(-6.67)	(-1.87)	(-6.55)	(-1.81)	(-5.92)
控制变量 MI	-0.067	0.329***	-0.053	0.326***	-0.051	0.283***
	(-1.00)	(7.71)	(-0.79)	(7.71)	(-0.76)	(6.67)

续表

第二阶段		模型 1	模型 2	模型 3	模型 4	模型 5	模型 6
		因变量					
		RI	II	RI	II	RI	II
常数项	_CONS	1.819*	8.750***	4.395***	7.940***	4.123***	8.699***
		(1.79)	(13.45)	(6.27)	(17.91)	(6.87)	(23.14)
样本量	N	1218	1218	1218	1218	1218	1218

注：第一行为系数，第二行括号内为 t 值，*0.1 水平下显著，**0.05 水平下显著，***0.01 水平下显著，下表同。

（2）技术创新模式组合与创新绩效

表 3 - 7 呈现了技术创新模式组合与创新绩效的关系。模型 7 和模型 8 分别考察的技术创新模式组合 S1 与企业突破式创新绩效和渐进式创新绩效的影响；模型 9 和模型 10 考察的是技术创新模式组合 S2 分别与企业突破式创新绩效和渐进式创新绩效的关系；模型 11 和模型 12 考察的是技术创新模式组合 S3 分别与企业突破式创新绩效和渐进式创新绩效的关系；模型 13 和模型 14 考察的是技术创新模式组合 S4 分别与企业突破式创新绩效和渐进式创新绩效的关系。

由模型 7 和模型 8 发现，企业仅选择内部技术创新模式组合（S1）时，对渐进式创新绩效的影响是显著正向的（$\beta = 0.026$，$P < 0.01$），而对突破式创新绩效的影响则是不显著的（$\beta = 0.018$，$P > 0.1$），说明仅有内部技术创新模式组合（S1）能提升渐进式创新绩效，而对突破式创新绩效的作用不明显，且根据技术创新模式组合对企业创新绩效影响的显著性水平的差异，说明了企业仅有的内部技术创新模式对渐进式创新绩效的正向影响更大，支持了假设 2a；这是由于渐进式创新绩效往往是对已有产品技术在原有技术轨道的基础上进行的渐进式改变，而突破式创新绩效则是对原有产品技术的破坏以建立新的技术轨道，虽然自身的内部技术创新增加原有技术知识的存量，但仅依靠企业自身内部的创新资源和能力不能满足其所需的综合化和复杂化的要求，不

— 53 —

表3-7 技术创新模式组合与创新绩效

第一阶段	模型7 S1	模型8 S1	模型9 S2	模型10 S2	模型11 S3	模型12 S3	模型13 S4	模型14 S4
SIZE	-0.117* (-1.81)	-0.145** (-2.23)	0.106 (1.33)	0.133* (1.66)	-0.009 (-0.58)	-0.017 (-1.13)	0.022 (0.42)	0.027 (0.51)
HR	0.806*** (4.27)	0.818*** (4.33)	-0.520** (-2.24)	-0.524** (-2.26)	0.107** (2.41)	0.106** (2.40)	-0.399*** (-2.62)	-0.400*** (-2.62)
FA	-0.049*** (-7.24)	-0.049*** (-7.26)	-0.010 (-1.15)	-0.009 (-1.13)	0.004*** (2.82)	0.004*** (2.80)	0.054*** (9.91)	0.054*** (9.91)
MC	0.000** (1.99)	0.000** (2.03)	-0.000* (-1.76)	-0.000* (-1.79)	0.000 (0.99)	0.000 (1.05)	-0.000 (-0.08)	-0.000 (-0.09)
_CONS	0.533*** (3.24)	0.602*** (3.66)	0.518** (2.56)	0.450** (2.23)	0.012 (0.32)	0.034 (0.88)	-0.067 (-0.51)	-0.079 (-0.60)
第二阶段	模型7 RI	模型8 II	模型9 RI	模型10 II	模型11 RI	模型12 II	模型13 RI	模型14 II
因变量								
自变量 S1	0.018 (1.36)	0.026*** (3.88)						
自变量 S2			0.356* (1.97)	0.427*** (3.87)				
自变量 S3					0.756** (2.43)	0.353* (1.72)		
自变量 S4							1.736*** (3.63)	0.197 (0.63)

续表

第二阶段		模型 7	模型 8	模型 9	模型 10	模型 11	模型 12	模型 13	模型 14
		因变量							
		RI	II	RI	II	RI	II	RI	II
控制变量	FA	0.711***	0.012*	0.750***	0.015**	0.748***	0.017*	0.660***	0.022**
		(7.99)	(1.98)	(8.44)	(2.10)	(8.45)	(1.96)	(7.21)	(2.03)
	MC	0.004***	0.001*	0.004***	0.001*	0.004***	0.001*	0.004***	0.001*
		(3.13)	(1.70)	(3.09)	(1.69)	(3.07)	(1.66)	(3.11)	(1.69)
	IR	-0.604**	-1.340***	-0.632**	-1.334***	-0.628**	-1.342***	-0.578*	-1.337***
		(-1.97)	(-6.66)	(-2.05)	(-6.63)	(-2.04)	(-6.68)	(-1.89)	(-6.64)
	MI	-0.051	0.327***	-0.051	0.328***	-0.051	0.330***	-0.049	0.328***
		(-0.79)	(7.69)	(-0.78)	(7.71)	(-0.78)	(7.75)	(-0.76)	(7.71)
常数项	_CONS	2.878***	8.765***	2.698***	8.833***	2.648***	8.755***	2.645***	8.767***
		(4.66)	(21.57)	(4.03)	(20.19)	(4.30)	(21.78)	(4.32)	(21.79)
样本量	N	1218	1218	1218	1218	1218	1218	1218	1218

能掌握外部技术知识的发展趋势；要获得好的突破式创新绩效对外部新技术知识的吸收是必要的（孙婧，2013）[146]，所以，仅采用企业内部技术创新模式对企业突破式创新绩效产生的影响不显著。对比模型 9 和 10 发现，"企业内部技术创新模式 + 国内合作创新模式"组合（S2）对企业渐进式创新绩效（ $\beta = 0.427$ ， $P < 0.01$ ）和突破式创新绩效（ $\beta = 0.356$ ， $P < 0.1$ ）的影响都是正向显著的，但对渐进式创新绩效的影响程度更大（ $0.427 > 0.356$ ），假设 2b 未得到证实；一方面说明，企业与国内客户、供应商等的创新合作，既能使企业掌握国内产品、技术等的发展趋势和消费偏好的变化，又能整合利用国内合作创新伙伴的创新资源，最终利于企业两类创新绩效的提升；另一方面也说明，相较于突破式创新绩效，企业通过与国内客户、供应商等创新合作更容易获得渐进式创新绩效，这是因为在改良原有技术的基础上开发的新产品，能够快速地转化为创新绩效，而对原有技术的根本性破坏产生的新产品则可能需要更长时间的转化。由模型 11 和模型 12 发现，"企业内部技术创新模式 + 创新国际化模式"组合（S3）对突破式创新绩效（ $\beta = 0.756$ ， $P < 0.05$ ）和渐进式创新绩效（ $\beta = 0.353$ ， $P < 0.05$ ）的影响都是正向显著的；这是因为凭借创新国际化活动，企业既可以通过进入新的地区/市场获取到国外多样性、异质性的领先技术知识（Chen 等，2012）[120]，也可以将企业自身掌握的技术知识拓展应用于国外市场，从而提升突破式创新绩效和渐进式创新绩效。而且根究实证结果，我们发现 $0.756 > 0.353$ ，即"企业内部技术创新模式 + 创新国际化模式"组合（S3）对突破式创新绩效的促进作用大于对渐进式创新绩效的影响，证实假设 2c；这是因为通过创新国际化行为，企业能够掌握国际领先技术发展的轨迹和趋势，探寻到技术机会和市场机会，在通过整合利用国际合作伙伴的创新资源，更利于企业获得突破式创新绩效。对比模型 13 和模型 14 可知，"企业内部技术创新模式 + 国内合作创新模式 + 创新国际化模式"组合（S4）对企业突破式创新绩效（ $\beta = 1.736$ ， $P < 0.05$ ）的影响都是正向显著的，而对渐进式创新绩效（ $\beta = 0.197$ ， $P > 0.1$ ）的影响是不显著的，两者之间的显著性水平存在明显差异，说明技术创新模式组合 S4 对突破式创新绩效的影响大于对渐进式创新绩效的影响，假设 2d 得到证实。企业通过与国内外机构组织的创新合作，采用多元的技术创新模式，是为能更全面地融入全球创新网络中，整合利用全球创新资源，了解技术变动的最新动态，实现技术突破，在市场中占据领先位置，提升企业的突破式创新绩效。同时，研究结果也进一步证实了"企业技术创新模式越多元，可获得的创新资源就越多，创新绩效就越好"的观点，与 Belderbos 等（2004）[70]的研究观点保持一致。

值得说明的是，在研究吸收能力（FA）影响企业技术创新模式组合选择的第一阶段的结果中，发现企业吸收能力对包含有创新国际化的技术创新模式组合的选择具有显著正向的影响，而对技术创新模式组合 S2 的影响则是不显著的。主要原因是作为后发国家的企业在进行跨国界的合作创新活动时，与国内合作创新相比，会面临更大的技术差距和由文化、技术、制度等形成的更多的"外来者劣势"（Qian 等，2013）[147]，而此时通过企业拥有的高吸收能力既可以减小面临的技术差距，也可以在一定程度克服面临的劣势，快速地融入当地创新网络。而吸收能力对仅采用企业内部技术创新的创新模式组合 S1 的影响则是显著负向的，说明企业吸收能力越高，越倾向于采用多元的技术创新模式（Miotti & Sachwald，2003）[148]。

3.3.4　互补性检验

汪成珏（2015）在研究中将企业内外部研发的互补性定义为"当企业同时采用两种研发模式战略对企业创新绩效的影响大于仅采用某一种研发模式战略的创新绩效时，那么就认为两种研发模式具有创新绩效的互补性"[136]。据此，在汪成珏（2015）[136]研究的基础上，结合研究需要，本书将企业创新活动中内部技术创新模式和外部合作创新模式（国内创新合作和创新国际化）的互补性定义为：如果企业同时选择内部技术创新模式和外部合作技术创新模式对企业创新绩效的影响大于仅选取内部技术创新模式的创新绩效，那么就可以认为内部技术创新模式和外部合作技术创新模式具有创新绩效的互补性。

首先通过对比表 3 - 7 中的模型 7 和 9（0.356 > 0.018）、模型 7 和 11（0.756 > 0.018）、模型 8 和 10（0.427 > 0.026）、模型 8 和 12（0.353 > 0.026）发现，无论是对于企业突破式创新绩效还是对于企业渐进式创新绩效，拥有两种技术创新模式组合对创新绩效的正向影响大于单一技术创新模式对创新绩效的影响，初步验证了假设的 3 - 3b。

以两变量的交互项系数证明内外研发之间的互补性已被广泛应用（Cassiman & Veugelers，2006）[68]，若交互项系数明显大于 0，则两者具有互补性。为进一步考察互补性，本书建立的模型 3 - 2、模型 3 - 3 和模型 3 - 4，回归结果见表 3 - 8。

$$PER_t = \beta_1\ IRD_{t-1} + \beta_2\ CRD_{t-1} + \beta_3\ IRD_{t-1} * CRD_{t-1} + \beta_4\ CONTROL_{t-1} + \varepsilon$$

模型（3 - 2）

$$PER_t = \beta_1\ IRD_{t-1} + \beta_2\ ARD_{t-1} + \beta_3\ IRD_{t-1} * ARD_{t-1} + \beta_4\ CONTROL_{t-1} + \varepsilon$$

模型（3 - 3）

$$PER_t = \beta_1\ CRD_{t-1} + \beta_2\ ARD_{t-1} + \beta_3\ CRD_{t-1} * ARD_{t-1} + \beta_4\ CONTROL_{t-1} + \varepsilon$$

模型（3 - 4）

由表 3 - 8 中的模型 15 和模型 16 可知，企业内部技术创新模式和国内合作技术创新模式的交互项 IRD * ARD 的系数为正，但只有对渐进式创新绩效通过检验（$\beta = 1.490$，$P < 0.05$），说明内部技术创新模式和国内合作技术创新模式之间具有渐进式创新绩效的互补性，假设 3 未得到完全证实；同时也是对表 3 - 7 有关 S2 组合与创新绩效之间的回归结果的一个稳定性检验。由模型 17 和模型 18 发现，内部技术创新模式和创新国际化的交互项系数都为正数且明显大于 0，但仅对突破式创新绩效的互补性通过检验（$\beta = 1.836$，$P < 0.1$），假设 3a 未得到完全证实；同时也是对表 3 - 7 有关 S3 组合与创新绩效之间回归结果的一个稳定性检验。考察两类外部合作创新模式之间互补性的模型 19 和模型 20 显示，两种外部的技术创新模式之间存在一定的替代性（CRD * ARD 的系数为负），尤其是针对突破式创新绩效的替代性更为显著（$P < 0.05$）。这同时也是对表 3 - 7 中组合 S4 与渐进式和突破式创新绩效的作用程度为何明

显小于组合 S2 和 S3 的原因所在。

表 3 - 8　技术创新模式的互补性回归结果

		模型 15	模型 16	模型 17	模型 18	模型 19	模型 20
		RI	II	RI	II	RI	II
IRD		0.730	1.154	1.047 * * *	0.486 *		
		(0.38)	(0.88)	(4.52)	(1.85)		
CRD		1.308 *	2.113 *			0.385	0.766 * * *
		(1.72)	(1.69)			(1.60)	(4.67)
ARD				2.416 * * *	0.178 * *	2.003 * *	0.961
				(3.22)	(2.14)	(2.26)	(1.63)
IRD * CRD		0.647	1.490 * *				
		(0.85)	(2.01)				
IRD * ARD				1.836 *	0.798		
				(1.97)	(0.57)		
CRD * ARD						- 0.073 * * *	- 0.505
						(- 2.93)	(- 0.82)
控制变量	SIZE	- 1.088	9.006 * * *	- 0.958	8.913 * * *	- 0.977	8.771 * * *
		(- 0.87)	(14.06)	(- 0.76)	(13.66)	(- 0.78)	(13.53)
	MC	0.002 * *	0.000	0.002 *	0.000	0.002 * *	0.000
		(1.97)	(0.21)	(1.96)	(0.17)	(1.97)	(0.21)
	FA	0.001 *	0.000	0.001 *	0.000	0.001	- 0.000
		(1.73)	(0.39)	(1.69)	(0.39)	(1.64)	(- 0.35)
	IR	- 0.248	0.019	- 0.259	- 0.010	- 0.246	0.019
		(- 0.88)	(0.11)	(- 0.92)	(- 0.06)	(- 0.87)	(0.11)
	MI	- 0.135	0.138 * * *	- 0.133	0.128 * * *	- 0.137	0.128 * * *
		(- 1.31)	(2.86)	(- 1.30)	(2.63)	(- 1.34)	(2.65)
常数项	_CONS	8.508 * *	- 14.958 * * *	6.737 * *	- 12.537 * * *	6.457 * *	- 13.131 * * *
		(2.36)	(- 7.38)	(2.13)	(- 7.47)	(2.04)	(- 7.88)
样本量	N	1624	1624	1624	1624	1624	1624

3.4 本章小结

本章以 2008—2011 年中国高科技（创新型）企业为研究样本，在充分考虑企业多元技术创新模式与企业差异化创新绩效关系的基础上，运用两阶段回归（2SLS）方法实证考察了多元技术创新模式或组合以及组合内多元技术创新模式之间的关系对企业差异化创新绩效的影响机制。

本章的假设证实结果如表 3 - 9 所示。

表 3 - 9   基于直接影响分析的假设验证结果

编号	假设内容	预期	是否通过
H1a	内部技术创新模式正向影响企业创新绩效	+	√
H1a1	内部技术创新模式正向影响企业突破式创新绩效	+	√
H1a2	内部技术创新模式正向影响企业渐进式创新绩效	+	√
H1b	国内合作技术创新模式正向影响企业创新绩效	+	√
H1b1	国内合作技术创新模式正向影响企业突破式创新绩效	+	√
H1b2	国内合作技术创新模式正向影响企业渐进式创新绩效	+	√
H1c	创新国际化技术创新模式正向影响企业创新绩效	+	√
H1c1	创新国际化技术创新模式正向影响企业突破式创新绩效	+	√
H1c2	创新国际化技术创新模式正向影响企业渐进式创新绩效	+	√
H2a	组合 S1 对突破式创新绩效的影响小于对渐进式创新绩效的		√
H2b	组合 S2 对突破式创新绩效的影响大于对渐进式创新绩效的		×
H2c	组合 S3 对突破式创新绩效的影响大于对渐进式创新绩效的		√
H2d	组合 S4 对突破式创新绩效的影响大于对渐进式创新绩效的		√
H3	"内部＋国内合作"技术创新模式之间存在互补性关系	+	部分支持
H3a	"内部＋创新国际化"技术创新模式之间存在互补性关系	+	部分支持
H3b	"国内合作＋创新国际化"技术创新模式之间存在互补性关系	+	×

通过研究分析得到的结论如下：

①单一技术创新模式（企业内部技术创新模式、国内合作创新与创新国际化）正向影响企业的两类创新绩效，无论是突破式创新绩效还是渐进式创

新绩效都存在着正相关的关系，而且内部技术创新模式起到的作用最大。

②多元技术创新模式的不同组合与企业创新绩效之间存在着差异化的关系，发现仅有内部技术创新模式的 S1 组合与企业的渐进式创新绩效正相关，而与突破式创新绩效的关系则是不显著的；"内部技术创新 + 国内合作创新"的 S2 组合对突破式创新绩效和渐进式创新绩效都是显著正向的，且对渐进式创新绩效的影响更大；"内部技术创新 + 创新国际化"的 S3 组合对突破式创新绩效和渐进式创新绩效都是显著正向的，且对突破式创新绩效的作用程度更大；"内部技术创新 + 国内合作创新 + 创新国际化"的 S4 组合对突破式创新绩效是显著正向的，而对渐进式创新绩效不显著。

③对多元技术创新模式之间关系的检验发现，企业内部技术创新模式与外部技术创新模式之间的互补关系需要进一步考虑外部技术创新模式和企业创新绩效的类型，发现企业内部技术创新模式与国内创新合作的互补性在企业渐进式创新上更明显，而企业内部技术创新模式与创新国际化的互补性在突破式创新绩效中更显著；针对企业外部技术创新模式之间关系的研究发现，二者之间存在着替代性，这一关系在突破式创新绩效中更显著。

第四章 技术创新模式组合与创新绩效——基于企业异质性调节机制的分析

基于第三章的论述，发现企业技术创新模式组合是影响企业创新绩效的重要因素。根据选择的样本企业，我们发现即使同一行业内的企业选择相同的技术创新模式组合，其产生的创新绩效仍存在差异，如上海医药和扬子江药业都选择了"内部技术创新＋国内合作创新"的技术创新模式组合，但两家企业获得的创新绩效却出现了明显差异：其对上海医药的渐进式创新绩效和突破式创新绩效都有正向影响而对扬子江药业的突破式创新绩效却无显著影响。这就使得我们思考技术创新模式组合对企业创新绩效的影响是否受企业异质性的影响，而且在企业创新的相关研究中，企业吸收能力是最能表征企业异质性的重要变量（Amit & Schoemaker，1993）[56]。也就是说，企业吸收能力是否影响技术创新模式组合与创新绩效的关系强度。企业应该如何结合自身的吸收能力和技术创新模式组合来获得最优的创新绩效？为解决这一问题，本章从企业异质性——吸收能力视角，结合调节模型，考察企业异质性——吸收能力影响技术创新模式组合与创新绩效关系的调节机制。

4.1 理论分析与研究假设

基于开放式创新理论，企业获取创新资源的渠道越多元，企业可利用的资源越多（Kobrin，1991）[149]，开展创新活动的机会也越多，其创新绩效就可能越好。目前虽然可供企业选择的技术创新模式多元化，但由于企业技术创新模式取决于其吸收能力，只有相互适应的技术创新模式和吸收能力才能使企业表现出最佳创新效益。因此，企业技术创新模式要和自身的异质性——吸收能力相匹配。

吸收能力是指企业从外部环境中获取、消化、转化与应用知识的能力（Cohen & Levinthal，1990）[24]。高吸收能力可以使企业保持感知外部技术环境变化的敏感性，及时更新企业的技术知识储备。Kodama（2008）研究指出由于吸收能力决定了企业能够从外部获得知识的广度与深度，因此，在很大程度上决定着企业开展创新合作的整体绩效，即企业的吸收能力越强，越有利于增强创新合作对企业创新绩效作用的发挥。[53]企业通过与国内外企业、机构的创新合作，一方面，可以保持与外界的联系互动，避免在创新活动中停滞不前，能在很大程度上增强企业对于新知识和信息的敏感性，更准确及时地捕捉市场（客户）的需求变化，合理地整合利用创新资源和能力，抓住出现的技术机会，进而不断完善其产品和服务（VonHippel，1988）[150]，使企业获得先发优势，提升企业创新绩效；另一方面，企业借助于与国内外机构的创新合作途径而获取的新技术知识等还需要经过一个内部转化的程序（Lane 等，2002）[52]，使之转化成与企业相匹配，员工容易理解、掌握和应用的技术知识，进而与企业自身拥有的知识有机融合，从而在企业创新过程中发挥作用。吴晓波、陈颖（2010）利用层次回归模型实证考察了企业外部研发和内部研发在差异化吸收能力情境下对创新绩效产生的不同影响，结果发现要获得良好的创新绩效，企业需要根据自身的吸收能力特点选取合适的研发投入模式，即低吸收能力的企业，要减少对内部创新研发投入，而高吸收能力的企业要加大对内外部创新研发的投入。[25]Penner & Shaver（2005）针对日本制药企业的国际创新活动对企业创新绩效的影响研究也发现，企业创新吸收能力较强时，国际创新活动对以专利产出衡量的创新绩效的影响才更显著。[83]徐晨、吕萍（2013）对北京地区ICT 产业和机械制造产业的 259 家企业的研究发现，内部吸收能力均能增强不同形式的创新国际化行为对创新绩效的影响程度。[11] Belderbos 等（2006）运用西班牙 1990—1996 年的面板数据指出企业吸收能力在发挥内外部创新活动的互补性中起到重要的作用。[139] Veugelers（1997）针对 290 家荷兰企业的样本数据的研究也发现当企业拥有高吸收能力时，创新合作与自主创新正相关。[49] Nicholls – Nixon&Woo（2003）研究发现，拥有高吸收能力的企业创新投资更多，开展创新合作的积极性更高，从创新合作中的获益更大。[151]

企业突破式创新绩效是通过对原有技术轨道进行破坏，在新知识的基础上，脱离原有的渐进性技术变革的范围，开展技术创新活动而获得的。而渐进式创新绩效则是以企业原有技术知识为基础，对新知识的需求较少，利用的技术与已有技术脱离程度不大，基本上是企业和产业所熟悉或知晓的（Dewar & Dutton，1986）[152]，通过对企业原有技术知识的巩固和延伸获得的（Kimberly & Evanisko，1981）[153]。由此可知，无论企业选择怎样的技术创新模式或组合，企业要获得好的突破式创新绩效和渐进式创新绩效都需要企业的吸收能力与之匹配，并且与渐进式创新绩效相比，一般的突破式创新绩效的获得要求企业具备更高的吸收能力，即高吸收能力的企业通过元技术创新模式组合可以获得更好的突破式创新绩效和渐进式创新绩效。据此，本章提出以下假设：

H4a：企业异质性——吸收能力增强仅有企业内部技术创新模式（S1）组合与突破式创新绩效的关系强度；

H4b：企业异质性——吸收能力增强仅有企业内部技术创新模式（S1）组合与渐进式创新绩效的关系强度；

H4c：企业异质性——吸收能力对组合 S1 与突破式创新绩效的调节程度大于对突破式创新绩效的关系强度；

H5a：企业异质性——吸收能力增强"内部技术创新 + 国内合作创新"模式组合（S2）与突破式创新绩效的关系强度；

H5b：企业异质性——吸收能力增强"内部技术创新 + 国内合作创新"模式组合（S2）与渐进式创新绩效的关系强度；

H5c：企业异质性——吸收能力对组合 S2 与突破式创新绩效的调节程度大于对突破式创新绩效的关系强度；

H6a：企业异质性——吸收能力增强"内部技术创新＋创新国际化"模式组合（S3）与突破式创新绩效的关系强度；

H6b：企业异质性——吸收能力增强"内部技术创新＋创新国际化"模式组合（S3）与渐进式创新绩效的关系强度；

H6c：企业异质性——吸收能力对组合 S3 与突破式创新绩效的调节程度大于对突破式创新绩效的关系强度；

H7a：企业异质性——吸收能力增强"内部技术创新＋国内创新合作＋创新国际化"模式组合（S4）与突破式创新绩效的关系强度；

H7b：吸收能力增强"内部技术创新＋国内创新合作＋创新国际化"模式组合（S4）与渐进式创新绩效的关系强度；

H7c：企业异质性——吸收能力对组合 S4 与突破式创新绩效的调节程度大于对突破式创新绩效的关系强度。

综上，本章节的研究框架如图 4 – 1 所示。

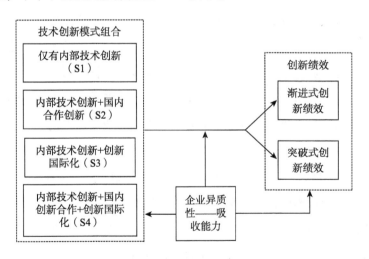

图 4 – 1　基于调节机制分析的研究框架

4.2　研究设计

4.2.1　数据来源与样本选择

本章节使用的数据主要来自于中国创新型（高科技）企业数据库，与第三章的数据来源保持一致。样本企业技术创新模式组合的选择如表3-1所示，可以看出仅有内部创新的S1占14.34%，而选择多元技术创新模式组合的样本观测值占到85.66%，其中"内部创新+国内合作创新"的S2组合占比74.82%，"内部创新+创新国际化"的S3组合占比0.68%，"内部创新+国内合作创新+创新国际化"的S4组合占比10.16%。

4.2.2　模型设计

根据已有研究，我们知道企业异质性——吸收能力既可以作为已有能力的存量影响企业技术创新模式的选择（曹素璋、张红宇，2007）[63]，也可以通过调节机制影响企业选定技术创新模式的创新绩效（付敬、朱桂龙，2014）[12]。为全面考察企业异质性——吸收能力、企业技术创新模式组合与创新绩效的关系，本章在第三章构建的基本模型的基础上引入企业异质性的变量，基本形式如下所示：

创新绩效 $= f$ （技术创新模式组合、企业异质性、控制变量、ξ）

并且考虑到技术创新模式组合选择的内生性问题，本章仍然选用联立方程构建具体模型，如模型（4-1）所示，将企业规模、人力资本、吸收能力和营销能力作为影响技术创新模式选择的前置变量，研究企业异质性——吸收能力对技术创新模式组合与创新绩效的调节效应。

$$\begin{cases} YF_t = \alpha_1\,SIZE_{t-1} + \alpha_2\,HR_{t-1} + \alpha_3\,FA_{t-1} + \alpha_4\,MC_{t-1} + \varepsilon \\ PER_t = \beta_1\,YF_{t-1} + \beta_2\,FA_{t-1} + \beta_3\,FA_{t-1}*YF_{t-1} + \beta_4\,MC_{t-1} + \beta_5\,IR_{t-1} + \beta_6\,MI_{t-1} + \varepsilon \end{cases}$$

模型（4-1）

其中，YF 代表技术创新模式组合，包含 S1、S2、S3 和 S4 组合；PER 代表创新绩效；$SIZE$ 代表企业规模；HR 代表企业人力资本；FA 代表企业吸收能力；MC 代表企业营销能力；IR 代表行业技术机会；MI 代表区域市场化程度；ε 代表残差项；t 代表研究样本时间。第一个公式考察影响技术创新模式组合选择的前置因素，第二个公式考察企业异质性——吸收能力对技术创新模式与创新绩效的调节关系。

本部分涉及的具体模型如模型 4-2、模型 4-3、模型 4-4、模型 4-5 所示，

$$\begin{cases} S1_t = \alpha_1\,SIZE_{t-1} + \alpha_2\,HR_{t-1} + \alpha_3\,FA_{t-1} + \alpha_4\,MC_{t-1} + \varepsilon \\ PER_t = \beta_1\,S1_{t-1} + \beta_2\,FA_{t-1} + \beta_3\,FA_{t-1}*S1_{t-1} + \beta_4\,MC_{t-1} + \beta_5\,IR_{t-1} + \beta_6\,MI_{t-1} + \varepsilon \end{cases}$$

模型（4-2）

$$\begin{cases} S2_t = \alpha_1\,SIZE_{t-1} + \alpha_2\,HR_{t-1} + \alpha_3\,FA_{t-1} + \alpha_4\,MC_{t-1} + \varepsilon \\ PER_t = \beta_1\,S2_{t-1} + \beta_2\,FA_{t-1} + \beta_3\,FA_{t-1}*S2_{t-1} + \beta_4\,MC_{t-1} + \beta_5\,IR_{t-1} + \beta_6\,MI_{t-1} + \varepsilon \end{cases}$$

模型（4-3）

$$\begin{cases} S3_t = \alpha_1\,SIZE_{t-1} + \alpha_2\,HR_{t-1} + \alpha_3\,FA_{t-1} + \alpha_4\,MC_{t-1} + \varepsilon \\ PER_t = \beta_1\,S3_{t-1} + \beta_2\,FA_{t-1} + \beta_3\,FA_{t-1}*S3_{t-1} + \beta_4\,MC_{t-1} + \beta_5\,IR_{t-1} + \beta_6\,MI_{t-1} + \varepsilon \end{cases}$$

模型（4-4）

$$\begin{cases} S4_t = \alpha_1\,SIZE_{t-1} + \alpha_2\,HR_{t-1} + \alpha_3\,FA_{t-1} + \alpha_4\,MC_{t-1} + \varepsilon \\ PER_t = \beta_1\,S4_{t-1} + \beta_2\,FA_{t-1} + \beta_3\,FA_{t-1}*S4_{t-1} + \beta_4\,MC_{t-1} + \beta_5\,IR_{t-1} + \beta_6\,MI_{t-1} + \varepsilon \end{cases}$$

模型（4-5）

4.2.3　变量定义

本部分有关自变量——技术创新模式组合（YF），因变量——创新绩效

（PER），控制变量——企业规模（SIZE）、企业营销能力（MC）、人力资本（HR）、行业技术机会（IR）和区域市场化程度（MI）与第三章的定义一致，详情见"3.2.3 变量定义"部分。

与第三章不同的是，本部分引入调节变量——企业异质性（吸收能力，FA）考察其对技术创新模式组合与企业创新绩效的调节机制。企业异质性——吸收能力，主要指企业从外部环境中获取、消化、转化与应用知识的能力，与多数学者的研究保持一致（付敬、朱桂龙，2014）[12]，以企业当年被受理的发明专利申请数表示。

本章节变量定义参见表 4-1。

表 4-1 关于调节机制分析的变量定义

变量名称			定义
因变量	创新绩效（PER）	突破式（RI）	国际新产品的销售收入
		渐进式（II）	国内和企业新产品的销售收入之和
自变量	技术创新模式组合	S1	虚拟变量，当 CRD 和 ARD 都为 0 时赋值为 1，否则为 0
		S2	虚拟变量，当 CRD 取 1 且 ARD 取 0 时赋值为 1，否则为 0
		S3	虚拟变量，选当 CRD 取 0 且 ARD 取 1 时赋值为 1，否则为 0
		S4	虚拟变量，当 CRD 和 ARD 都取 1 时赋值为 1，否则为 0
调节变量	企业异质性（FA）		企业当年被受理的发明专利申请数
控制变量	企业规模（SIZE）		企业总资产
	人力资本（HR）		R&D 人员/总人数
	营销能力（MC）		营业利润/总收入
	行业技术机会（IR）		行业研究开发费用/行业销售收入
	市场化程度（MI）		《中国分省份市场化指数报告（2016）》

4.3　调节机制的实证结果与分析

4.3.1　描述性统计

表 4 - 2 显示了所有变量的均值、最大值、最小值和标准差，以展示样本企业的主要特征。据表可知，样本企业之间的突破式创新绩效与渐进式创新绩效的差异明显，最大值分别是 15.941 和 17.451，最小值都为 0，且标准差分别为 4.998 和 3.093，初步说明了对我国高科技（创新型）企业的差异化创新绩效进行分析的必要性。对于样本企业的技术创新模式组合来说，以"内部技术创新 + 国内合作创新"的技术创新模式组合为主（据表 3 - 1 占比为 74.82%），但企业之间的差异也比较大（S2 的均值为 0.748，标准差为 0.434）；S3 的均值仅为 0.007，说明样本企业对"内部技术创新 + 创新国际化"的技术创新模式组合的重视不足。针对企业吸收能力的统计发现，其最大值为 8.034，最小值为 0，标准差为 1.625，表明样本企业之间的吸收能力的差异比较明显。此时，初步的变量统计分析为我们研究企业吸收能力是否影响了技术创新模式组合与突破式创新绩效和渐进式创新绩效的关系程度提供了思路，即企业自身异质性——吸收能力的差异是否引起了技术创新模式组合与企业创新绩效关系强度的变化。

另外，在控制变量方面，从企业规模（SIZE）、企业营销能力（MC）和区域市场环境（MI）等角度展示了样本企业的多样性和差异性。如差异最为明显的是企业营销能力，标准差为 117.278。

表 4 - 2　关于调节机制分析的变量描述性统计

变量	均值	最小值	最大值	标准差
RI	4.243	0	15.941	4.998
II	10.664	0	17.451	3.093

续表

变量	均值	最小值	最大值	标准差
S1	0.143	0	1	0.351
S2	0.748	0	1	0.434
S3	0.007	0	1	0.082
S4	0.102	0	1	0.302
FA	2.509	0	8.034	1.625
SIZE	2.528	2.059	2.972	0.161
HR	0.038	0	0.491	0.057
MC	105.581	0.364	1205.617	117.278
IR	0.727	0	1	0.446
MI	6.242	0.060	9.180	1.572

4.3.2 相关性检验

由表 4-3 可以看出，虽然 S1 和 S2 的相关系数高达 -0.705，以及 S2 和 S4 的相关系数达到 -0.580，但由于 S1、S2、S3 和 S4 是分别独自引入相关模型的（见模型 4-2 至模型 4-5），因此，此时的高度相关性不会对回归结果造成偏差。另外，表中其他变量之间的相关系数均低于 0.5，说明变量间不存在严重的多重共线性问题，可以直接进行回归且估计结果可信。而且企业吸收能力（FA）与各个技术创新模式组合的相关系数均小于 0.3，虽具有一定的相关性，但系数较小，在一定程度保证了调节变量的外生性。

表 4-3 关于调节机制分析的变量相关系数

	S1	S2	S3	S4	FA	SIZE	HR	MC	IR
S2	-0.705	1.000							
S3	-0.034	-0.142	1.000						
S4	-0.138	-0.580	-0.028	1.000					
FA	0.163	0.068	0.070	0.269	1.000				
SIZE	-0.028	0.024	-0.022	0.005	-0.010	1.000			
HR	0.074	-0.040	0.061	-0.044	0.132	0.015	1.000		

续表

	S1	S2	S3	S4	FA	SIZE	HR	MC	IR
MC	0.017	− 0.049	0.028	0.044	0.181	0.110	0.008	1.000	
IR	0.026	0.008	0.017	− 0.046	0.026	− 0.381	0.006	0.012	1.000
MI	− 0.003	0.014	− 0.030	− 0.008	0.012	0.209	− 0.055	0.032	0.093

4.3.3　回归分析

利用 stata12.0，根据模型 4 – 1 至模型 4 – 5，结合 2sls 估计方法，回归结果如表 4 – 4 所示。模型 1 和模型 2 考察的是企业异质性对技术创新模式组合 S1 与企业创新绩效（突破式和渐进式）关系强度的调节效应，模型 3 和模型 4 考察的是企业异质性对技术创新模式组合 S2 与企业创新绩效（突破式和渐进式）关系强度的调节效应，模型 5 和模型 6 考察的是企业异质性对技术创新模式组合 S3 与企业创新绩效（突破式和渐进式）关系强度的调节效应。模型 7 和模型 8 考察的是企业异质性对技术创新模式组合 S4 与企业创新绩效（突破式和渐进式）关系强度的调节效应。

由表 4 – 4 中的模型 1 和模型 2 可以看出，吸收能力对仅有内部技术创新模式的组合 S1 与企业两类创新绩效（突破式和渐进式）的调节作用存在明显的差异，针对突破式创新绩效，交叉项 S1 * FA 的系数为 − 1.011 且在 1% 水平下显著（t = − 3.57），说明企业吸收能力负向调节技术创新模式组合 S1 与突破式创新绩效的关系，假设 4a 未得到证实；针对渐进式创新绩效，交叉项 S1 * FA 的系数为 0.210 且在 5% 水平下显著（t = 2.12），说明企业吸收能力正向调节技术创新模式组合 S1 与渐进式创新绩效的关系，假设 4b 得到证实；根据模型 1 和模型 2 中的 S1 和 FA 交叉项的系数，发现企业吸收能力 FA 对组合 S1 与突破式创新绩效关系强度的调节程度为 − 1.011，而对组合 S1 与渐进式创新绩效关系强度的调节程度为 0.210，二者的调节方向完全相反，企业吸收能力负向调节突破式创新绩效而正向调节渐进式创新绩效，不支持假设 4c。对仅选择内部技术创新模式组合的企业来说，高吸收能力意味着企业对原有技

— 71 —

表4-4 基于调节机制分析的回归结果

第一阶段	模型1	模型2	模型3	模型4	模型5	模型6	模型7	模型8
因变量	S1	S1	S2	S2	S3	S3	S4	S4
SIZE	-0.117*	-0.143**	0.106	0.135*	-0.009	-0.017	0.022	0.028
	(-1.80)	(-2.20)	(1.33)	(1.69)	(-0.58)	(-1.14)	(0.42)	(0.53)
HR	0.809***	0.817***	-0.520**	-0.524**	0.107**	0.106**	-0.399***	-0.400***
	(4.29)	(4.33)	(-2.24)	(-2.26)	(2.41)	(2.40)	(-2.62)	(-2.62)
FA	-0.049***	-0.049***	-0.010	-0.009	0.004***	0.004***	0.054***	0.054***
	(-7.24)	(-7.26)	(-1.15)	(-1.13)	(2.82)	(2.80)	(9.91)	(9.91)
MC	0.000**	0.000**	-0.000*	-0.000*	0.000	0.000	-0.000	-0.000
	(1.99)	(2.03)	(-1.76)	(-1.80)	(0.99)	(1.05)	(-0.08)	(-0.09)
_CONS	0.531***	0.597***	0.518**	0.444**	0.012	0.034	-0.068	-0.082
	(3.23)	(3.62)	(2.56)	(2.20)	(0.32)	(0.88)	(-0.51)	(-0.62)

第二阶段	模型1	模型2	模型3	模型4	模型5	模型6	模型7	模型8
自变量	RI	II	RI	II	RI	II	RI	II
S1	0.665	0.432*						
	(0.99)	(1.97)						
S2			0.037*	0.432**				
			(1.96)	(2.11)				
S3					1.719***	0.601**		
					(3.15)	(2.01)		
S4							2.860**	0.682
							(2.41)	(0.87)

续表

第二阶段		模型 1	模型 2	模型 3	模型 4	模型 5	模型 6	模型 7	模型 8
		因变量							
		RI	II	RI	II	RI	II	RI	II
调节变量	FA	0.819***	0.008	0.756***	0.114	0.748***	0.019	0.688***	0.013
		(8.76)	(0.14)	(4.62)	(1.07)	(8.43)	(0.32)	(7.16)	(0.21)
交叉项	S1*FA	-1.011***	0.210**						
		(-3.57)	(2.12)						
	S2*FA			0.009**	0.136				
				(2.05)	(1.08)				
	S3*FA					0.359***	0.247*		
						(3.05)	(1.97)		
	S4*FA							0.303	0.131*
								(1.01)	(1.96)
控制变量	MC	0.004***	0.001*	0.004***	0.001*	0.004***	0.001*	0.004***	0.001*
		(3.10)	(1.68)	(3.09)	(1.70)	(3.06)	(1.65)	(3.12)	(1.70)
	IR	-0.584*	-1.336***	-0.632**	-1.334***	-0.628**	-1.340***	-0.571*	-1.334***
		(-1.92)	(-6.64)	(-2.05)	(-6.64)	(-2.04)	(-6.66)	(-1.86)	(-6.63)
	MI	-0.048	0.328***	-0.051	0.329***	-0.051	0.330***	-0.048	0.329***
		(-0.74)	(7.71)	(-0.78)	(7.73)	(-0.78)	(7.76)	(-0.74)	(7.72)
常数项	_CONS	2.562***	8.699***	2.681***	9.077***	2.648***	8.754***	2.557***	8.729***
		(4.13)	(21.22)	(3.54)	(18.33)	(4.30)	(21.78)	(4.14)	(21.47)
样本量	N	1218	1218	1218	1218	1218	1218	1218	1218

注：变量第一行为系数，第二行括号内为 t 值，*0.1 水平下显著，**0.05 水平下显著，***0.01 水平下显著，下表同。

术知识的熟练掌握和运用达到很高的水平，对原有的技术知识更加信赖（Katila & Ahuja，2002；Subramaniam & Youndt，2005）[154-155]，会使得企业越来越依赖于原有的技术知识和能力，对原有的技术知识反复地加以利用，关注于提升原有技术知识的效率，这会提升企业的渐进式创新绩效，但这样却不利于企业突破对原有技术路径依赖的束缚，使企业陷入"能力陷阱"的困境，不利于企业及时发现外部市场环境的突破性技术变化，从而抑制突破式创新绩效。即高吸收能力增强了内部技术创新模式组合与渐进式创新绩效的关系程度；却抑制了对突破式创新绩效的影响。

由模型 3 和模型 4 知，模型 3 中的"内部技术创新 + 国内合作创新"的技术创新模式组合 S2 与企业吸收能力 FA 的交叉项系数为 0.009，且在 5% 的水平下显著（t = 2.05），说明企业吸收能力可以增强技术创新模式组合 S2 对突破式创新绩效的正向影响程度，验证假设 5a；而在模型 4 中，技术创新模式组合 S2 与企业吸收能力 FA 的交叉项系数为 0.136，但是不显著，未通过检验，不支持假设 5b；由模型 3 和模型 4 中的技术创新模式组合 S2 与企业吸收能力 FA 的交叉项系数的对比，可以发现吸收能力对突破式创新绩效的正向影响程度要大于对渐进式创新绩效的影响，支持假设 5c。这可能是因为企业渐进式创新绩效往往是通过对自身原有技术知识的渐进式技术改变而获得，相较于突破式创新绩效，对外部知识获取的需求相对较少，对企业需要具备的吸收能力的要求相对较低。如果此时企业具备较高的吸收能力，虽然一方面预示着企业具有良好的获取、消化、转化与应用外部知识和应对外部环境的能力（吴晓波、陈颖，2010）[25]，能较快速地借助于国内创新合作伙伴的创新资源和能力提升自身的创新绩效，而且企业也往往倾向于更频繁地参与技术创新合作，保持与外部市场的联系（袁健红、施建军，2003；Negassi，2004）[156,135]；但另一方面，具备高吸收能力的企业基本可以自我满足自身渐进式技术变革的要求，在我国知识产权保护力度薄弱的情况下，企业出于对自身拥有的知识产权的保护，避免泄露核心技术，遭遇不正当竞争，不愿与国内合作伙伴积极开展渐进式创新的活动；所以对渐进式创新绩效的影响不显著。而对获取突破式创新绩效的企业来说，获得外部技术知识是非常必要的，高吸收能力的企业通过"内部技术创新＋国内合作创新"的技术创新模式组合能快速地把所能获得的、国内创新合作伙伴的技术知识与自身特有的相融合，因此说明企业与国内机构的创新合作更侧重于新兴技术、产品的开发，选取"内部技术创新＋国内合作创新"的技术创新模式组合对突破式创新绩效的影响更大。

由模型 5 和模型 6 知，无论是对渐进式创新绩效还是突破式创新绩效，吸收能力对"内部技术创新＋创新国际化"技术创新模式组合 S3 的调节作用都是显著正向的，即吸收能力增强了模式组合 S3 分别与突破式创新绩效和渐进式创新绩效的关系强度，假设 6a 和 6b 得到支持。企业将创新网络的地理边界跨越国界，拓展至国外，一方面，企业凭借创新国际化的途径既可以通过进入新的国家或地区获取吸收国外多样性、异质性的领先技术和知识（Chen 等，2012）[120]，也可以将自身已掌握的技术和知识拓展应用到国外市场，为企业开展突破式创新和渐进式创新活动提供供给，从而提升企业的两类创新绩效；另一方面，企业要面临因语言、文化信仰、风俗习惯、社会规范等差异带来的外来者劣势（Qian 等，2013）[147]。而相较于低吸收能力的企业，高吸收能力的企业能更好更快地熟悉掌握当地的差异，减少外来者劣势，能比较快速地捕捉到新技术知识，并转化为自身的能力，提升创新绩效。在低吸收能力情境下，虽然由于技术差距较大，企业可利用的创新资源空间较大，但受自身吸收能力的限制（未达到发挥调节效应的门槛），其作用并不明显。因此，高吸收能力的企业凭借"内部技术创新＋创新国际化"技术创新模式组合既可以提升渐进式创新绩效也可以提升突破式创新绩效。通过对比两个模型中S3 * FA的系数发现，0.359 > 0.247，即吸收能力对组合 S3 与突破式创新绩效的调节程度大于对渐进式创新绩效的关系强度，验证了假设 6c。这可能是由于我国与国际上的技术差距导致的，采用创新国际化模式的企业往往是为了获得国外的先进技术和知识，实现技术的重大突破以在国际市场上占据优势地位，而这类差距较大的领先技术知识的获得更需要企业具备较高的吸收能力，以更好地将其转化、吸收、利用。

由模型 7 和 8 可知，吸收能力对"内部技术创新 + 国内合作创新 + 创新国际化"的技术创新模式组合 S4 与渐进式创新绩效的调节作用是显著正向的，系数为 0.131（t = 1.96），而对组合 S4 与突破式创新绩效的调节作用则是不显著的（t = 1.01），支持假设 7b，不支持假设 7a 和 7c。说明目前我国企业具备的吸收能力还未达到 S4 组合与突破式创新绩效关系的调节门槛。企业同时采用多元技术创新模式，既需要企业协调处理好人力等自身资源的分配，吸收、消化、转化来自各方的技术知识，也需要吸取协调多元技术创新模式之间以及与国内外合作伙伴的关系。对于处理来自原有技术领域的新知识，企业可以将其转化为自身技术知识，提升渐进式创新绩效；而对于改变原有技术轨道的全新技术知识的获取，如果一时过多，可能会造成企业"消化不良"的状态，抑制企业的突破式创新绩效。

4.3.4　稳健性检验

为保证上述回归结果的稳定，本部分主要采取了三种方法：一是对波动较大的变量（企业规模、创新绩效、吸收能力）取自然对数，以减少数据的波动性，保证回归结果的稳定性（Keller，2004）[157]；二是为保证因果关系的方向性，本部分将公式方程右边的变量滞后（Granger，1980）[158]；三是以内部技术创新模式（IRD）、国内合作创新模式（CRD）和创新国际化（ARD）的交叉项作为技术创新模式组合的替代变量，考察表 4 - 5 的回归结果的稳定性，即以 IRD 替代 S1 组合，CIRD 表示 IRD * CRD 替代 S2 组合，AIRD 表示 IRD * ARD 替代 S3 组合，CAIRD 表示 IRD * CRD * ARD 替代 S4 组合，结果如表 4 - 5所示，表中结果基本与表 4 - 4 的回归结果保持一致。因此，表 4 - 5 的回归结果具有稳定性和可信性。

表4-5 基于调节机制分析的稳定性检验

第一阶段	模型1' IRD	模型2' IRD	模型3' CIRD	模型4' CIRD	模型5' AIRD	模型6' AIRD	模型7' CAIRD	模型8' CAIRD
SIZE	0.026	0.028	0.401***	0.341***	0.460***	0.516***	0.435***	0.478***
	(1.13)	(1.19)	(6.30)	(5.37)	(9.14)	(10.28)	(8.92)	(9.81)
HR	0.207***	0.202***	0.531***	0.521***	0.212	0.217	0.231	0.239*
	(3.07)	(2.99)	(2.87)	(2.82)	(1.45)	(1.49)	(1.63)	(1.69)
FA	-0.000	0.000	-0.005	-0.005	-0.003	-0.003	-0.005	-0.005
	(-0.01)	(0.00)	(-0.76)	(-0.79)	(-0.66)	(-0.63)	(-1.02)	(-1.00)
MC	0.000**	0.000**	0.000	0.000	-0.000	-0.000	-0.000	-0.000
	(2.13)	(2.12)	(1.34)	(1.43)	(-0.70)	(-0.81)	(-0.59)	(-0.68)
_CONS	0.824***	0.821***	-0.288*	-0.136	-1.051***	-1.192***	-0.992***	-1.101***
	(14.02)	(13.96)	(-1.79)	(-0.85)	(-8.24)	(-9.37)	(-8.03)	(-8.92)

第二阶段	模型1' RI	模型2' II	模型3' RI	模型4' II	模型5' RI	模型6' II	模型7' RI	模型8' II
因变量								
自变量 IRD	1.960	0.280**						
	(1.20)	(2.26)						
CIRD			0.044*	0.464***				
			(1.96)	(2.92)				
AIRD					0.748***	2.539***		
					(2.73)	(3.88)		
CAIRD							2.387***	0.650
							(3.61)	(0.63)

续表

第二阶段		模型 1'	模型 2'	模型 3'	模型 4'	模型 5'	模型 6'	模型 7'	模型 8'
		因变量							
		RI	II	RI	II	RI	II	RI	II
调节变量	FA	0.463	0.123	0.606***	0.147	0.771***	0.022	0.764***	0.023
		(0.82)	(0.33)	(2.60)	(0.98)	(8.38)	(0.37)	(8.34)	(0.39)
	IRD*FA	-0.316	0.121*						
		(-0.50)	(1.92)						
交叉项	CIRD*FA			0.186*	0.169				
				(1.98)	(0.95)				
	AIRD*FA					0.287**	0.127*		
						(2.09)	(1.95)		
	AIRD*CIRD*FA							0.210	0.111
								(0.54)	(0.44)
控制变量	MC	0.004***	0.001*	0.004***	0.001	0.004***	0.001	0.004***	0.001*
		(2.96)	(1.68)	(3.01)	(1.47)	(3.06)	(1.75)	(3.08)	(1.75)
	IR	-0.640**	-1.343***	-0.616**	-1.314***	-0.615**	-1.170***	-0.607**	-1.182***
		(-2.09)	(-6.67)	(-2.00)	(-6.58)	(-1.99)	(-5.90)	(-1.96)	(-5.95)
	MI	-0.065	0.328***	-0.057	0.319***	-0.049	0.283***	-0.049	0.285***
		(-1.00)	(7.69)	(-0.87)	(7.55)	(-0.75)	(6.68)	(-0.75)	(6.73)
常数项	_CONS	1.055	9.017***	2.728***	8.481***	2.571***	8.769***	2.570***	8.787***
		(0.67)	(8.69)	(3.13)	(15.01)	(4.16)	(22.13)	(4.16)	(22.15)
样本量	N	1218	1218	1218	1218	1218	1218	1218	1218

4.4　本章小结

本章以 2008—2011 年中国高科技（创新型）企业为研究样本，利用 Stata
计量软件，运用两阶段回归（2SLS）方法实证考察了企业异质性——吸收能
力对多元技术创新模式组合与企业差异化创新绩效关系的调节机制。

企业异质性——吸收能力是影响多元技术创新模式组合与企业创新绩效的
重要内在情境因素。本章的假设验证结果如表 4-6 所示。

表 4-6　基于调节机制分析的假设验证结果

编号	假设内容	预期	是否通过
H4a	吸收能力增强组合 S1 与突破式创新绩效的关系强度	+	×
H4b	吸收能力增强组合 S1 与渐进式创新绩效的关系强度	+	√
H4c	吸收能力对组合 S1 与突破式创新绩效的调节程度大于对渐进式创新绩效的关系强度		×
H5a	吸收能力增强组合 S2 与突破式创新绩效的关系强度	+	√
H5b	吸收能力增强模式组合 S2 与渐进式创新绩效的关系强度	+	×
H5c	吸收能力对组合 S2 与突破式创新绩效的调节程度大于对渐进式创新绩效的关系强度		√
H6a	吸收能力增强模式组合 S3 与突破式创新绩效的关系强度	+	√
H6b	吸收能力增强模式组合 S3 与渐进式创新绩效的关系强度	+	√
H6c	吸收能力对组合 S3 与突破式创新绩效的调节程度大于对渐进式创新绩效的关系强度		√
H7a	吸收能力增强模式组合 S4 与突破式创新绩效的关系强度	+	×
H7b	吸收能力增强模式组合 S4 与渐进式创新绩效的关系强度	+	√
H7c	吸收能力对组合 S4 与突破式创新绩效的调节程度大于对渐进式创新绩效的关系强度		×

有关企业异质性——吸收能力调节效果的研究结论主要有：

①企业吸收能力负向调节技术创新模式组合 S1 与突破式创新绩效的关系，
正向调节技术创新模式组合 S1 与渐进式创新绩效的关系；

②企业吸收能力可以增强技术创新模式组合 S2 对突破式创新绩效的正向影响程度，并且发现吸收能力对突破式创新绩效的正向影响程度要大于对渐进式创新绩效的影响；

③无论是对渐进式创新绩效还是突破式创新绩效，吸收能力增强了技术创新模式组合 S3 分别与两类创新绩效的关系强度，且对组合 S3 与突破式创新绩效的调节程度大于对渐进式创新绩效的调节强度；

④吸收能力对技术创新模式组合 S4 与渐进式创新绩效的调节作用是显著正向的，而对组合 S4 与突破式创新绩效的调节作用不显著。

第五章 技术创新模式组合与创新绩效——基于企业异质性中介机制的分析

企业异质性——吸收能力是影响创新绩效的重要因素，在创新活动中扮演着"双重角色"：作为已有能力的存量，企业吸收能力的可利用量在企业选取技术创新模式过程中发挥着决定性的作用（吴晓波、陈颖，2010）[25]，企业应该根据自身的吸收能力来选择合适的技术创新模式，即技术创新模式与吸收能力相匹配是企业获取最优创新绩效的关键；而作为动态能力，其能通过企业内外部合作创新活动产生的知识流来提高，进而对创新绩效产生影响（付敬、朱桂龙，2014）[12]。在技术革新速度如此之快的时代，企业往往需要借助于加强与国内外机构的创新合作，以弥补内部创新资源的不足。通过与外部机构组织的创新合作可以学习到先进的技术知识，增加企业能力的积累，从而提升创新绩效。企业技术创新模式越多元，其可能接触到的知识资源就越丰富。但是通过这些方式获得的技术知识并不能直接或自动转化为企业的创新能力以提升创新绩效，需要借助于一个关键要素——企业吸收能力以获取、消化、吸收和转化（Darroch & McNaughton，2003；付敬、朱桂龙，2014）[159,12]。

在针对吸收能力中介效应的已有研究中，Veugelers（1997）从自主创新研发投资的角度，通过实证考察荷兰290家企业，结果发现内部创新研发投入的增加将增强知识的储备和技能的积累，从而增强吸收能力。[49]同时，现有研究也证实了吸收能力可以加快流动或转移企业的知识和技术（Shenkar & Li，1999）[51]，利于企业研发新产品，从而有助于企业获得良好的创新绩效（陈岩等，2014）[9]。Darroch & McNaughton（2003）发现吸收能力在影响创新绩效的过程中发挥了间接作用。[159]曹达华等（2013）在研究校企合作情境下企业吸收能力对企业绩效的具体表现形式时发现，吸收能力会通过中介机制影响校企合作绩效。[125]付敬、朱桂龙（2014）利用中介机制研究了企业内部创新研发和外部创新研发合作通过吸收能力的中介机制对创新绩效的影响。[12]上述文献集中于研究企业吸收能力在单一技术创新模式与企业创新绩效之间的中介角色扮演，为我们的研究提供了研究基础和思路；但由于已有文献既忽略了企业不同技术创新模式的并存性，又未对企业的差异化创新绩效进行分类研究，不能够回答企业吸收能力在企业技术创新模式组合与追求差异化的创新绩效之间的角色扮演是否存在差异。鉴于现实企业技术创新模式的多元性和差异化创新绩效，本章节以技术创新模式组合—企业异质性（吸收能力）—差异化创新绩效为研究主线，考察企业异质性在技术创新模式组合与企业创新绩效之间的中介机制，为企业获得最优的创新绩效提供更具针对性的借鉴。

5.1　理论分析与研究假设

5.1.1　技术创新模式组合对企业异质性的影响

企业异质性——吸收能力可以通过企业内外部创新活动产生的知识流来提高（付敬、朱桂龙，2014）[12]。在开放式创新条件下，企业除依靠内部技术创新提升创新能力外，还可以通过与国内外组织或机构的创新合作等提升创新能力和吸收能力。与国内外组织或机构的创新合作可以帮助企业获取到创新所需的技术、知识、人才、信息等稀缺资源（汪成珏，2015）[136]，可以丰富企业开展创新活动所面临的创新资源供给，提升企业的创新能力和吸收能力。企业的内部技术创新模式是企业为获取技术知识、增强技术创新能力以在市场竞争中保持竞争力和占据领先地位而在企业内部进行新产品开发的一种技术创新模式。内部技术创新能增强企业识别、消化和利用外部创新资源的能力，促使企业更频繁地参与外部技术创新合作（Negassi，2004）[135]，再通过提升企业自身的吸收能力，以获得更好的创新绩效。Veugelers（1997）从自主创新研发投资的角度实证考察了荷兰290家企业的创新研发支出与吸收能力的关系，结果发现，随着内部创新研发投入的增加，企业的知识储备和技能积累也会随之增加，从而利于提升吸收能力。[49]企业与外部机构组织的创新合作是企业获得外部知识来源、提升创新能力的最重要途径（付敬、朱桂龙，2014）[12]。作为企业外部技术创新模式的两大主要模式——国内创新合作和创新国际化，都可以弥补单个企业创新资源的不足，拓展企业可获得的创新资源总量，提升创新能力。通过国际化途径获取并利用全球的创新资源已成为企业在全球竞争中制胜的重要法宝。企业创新国际化已经成为企业提升创新能力、构建创新竞争优势、实现技术追赶的一种重要战略（Hakanson & Nobel，2001；Chen 等，2012）[119-120]。

5.1.2　企业异质性对创新绩效的影响

企业异质性——吸收能力可以帮助企业获取、消化、转化、吸收外部的技术知识，不断更新创新资源的基础，保持企业对外部市场、技术环境变动的敏感性，以适应不断变化的外部环境（Teece 等，1997）[29]，提升创新绩效。企业吸收能力越强，意味着企业准确、快速地识别技术产品创新机会的可能性越大，越可以增强企业的创新动力；同时也可以更有效快速地整合内外部的创新资源，丰富企业开展创新活动面临的资源基础，使企业及时地做出创新的决策，获得良好的创新绩效（Danneels，2002；Teece，2007）[160-161]。同时，吸收能力强的企业往往能比竞争对手更迅速、准确地掌握技术、市场变革的趋势，更快地发现、利用新技术以及识别和开拓新的市场，增强企业开展创新活动的信心和积极性，有助于提升企业的创新绩效。即高吸收能力的企业创新的速度、频率和数量要高于低吸收能力的企业（Liao 等，2009）[162]，其获得的创新绩效一般也会超过低吸收能力的企业。Kim（1998）研究指出，吸收能力有助于新产品的开发，提高企业的创新绩效。[50] Stock 等（2001）研究发现，企业吸收能力越高越可能获得更高效率的新产品开发绩效。[163] Zahra & Hayton（2007）研究指出，企业吸收能力可以通过加快知识流动促使企业开展产品升级和研发新产品的活动以获得良好的企业绩效。[164] 钱锡红等（2010）提出，企业吸收能力会显著地提升企业的创新绩效。[165] 陈岩等（2014）研究也发现企业吸收能力与创新绩效正相关。[9]

企业跨越企业地理边界和国家地理边界的创新合作活动，是一项学习和创造的活动（Teece，2007）[161]。企业通过与国内外企业、机构的创新合作，一方面，可以保持与外界的联系互动，避免在创新活动中停滞不前，能在很大程度上增强企业对于新知识和信息等变化的敏感性，更准确及时地捕捉市场（客户）的需求变化，合理地整合利用创新资源和能力，抓住出现的技术机会，进而不断完善其产品和服务（VonHippel，1988）[150]，使企业获得先发优势，提升企业创新绩效；另一方面，企业借助于与国内外机构的创新合作途径而获取的新技术知识等还需要经过一个内部转化的程序（Lane 等，2002）[52]，使之转化成与企业相匹配，企业员工容易理解、掌握和应用的技术知识，进而与企业自身拥有的知识有机融合，从而在企业创新过程中发挥作用。Liao 等（2009）研究发现，企业掌握了解的有关技术创新的信息越丰富，其进行创新活动的选择就会越多，那企业开展创新活动的可能性和成功的概率也就越大。[162] 企业突破式创新绩效是通过对原有技术轨道进行破坏，在新知识的基础上，脱离原有的渐进性技术变革的范围，开展技术创新活动而获得的。而渐进式创新绩效则是以企业原有的技术知识为基础，利用的技术与已有技术的脱离程度不大，基本上是企业和产业所熟悉或知晓的（Dewar & Dutton，1986）[152]，通过对企业原有技术知识的巩固和延伸获得的（Kimberly & Evanisko，1981）[153]。这两种类型的企业创新绩效都需要通过企业将从外部获得的技术知识转化为企业可掌握利用的技术知识获得；而吸收能力高的企业则能够更快更多地获取、吸收、转化外部技术知识。

结合 5.1.1 和 5.1.2 两部分的论述以及第三章有关技术创新模式组合与创新绩效关系的研究，我们可以发现企业异质性——吸收能力可能在技术创新模式组合与企业两类创新绩效的关系中起到中介变量的作用。Belderbos 等（2006）运用西班牙 1990—1996 年的面板数据证实了企业内部创新研发与创新研发协议之间的互补性关系可以通过增加企业内部技术能力（吸收能力）提升创新绩效。[139]因此，本部分提出以下假设：

H8a：企业异质性——吸收能力在组合（S1）与突破式创新绩效关系中扮演中介机制的角色；

H8b：企业异质性——吸收能力在组合（S1）与渐进式创新绩效关系中扮演中介机制的角色；

H9a：企业异质性——吸收能力在组合（S2）与突破式创新绩效关系中扮演中介机制的角色；

H9b：企业异质性——吸收能力在组合（S2）与渐进式创新绩效关系中扮演中介机制的角色；

H10a：企业异质性——吸收能力在组合（S3）与突破式创新绩效关系中扮演中介机制的角色；

H10b：企业异质性——吸收能力在组合（S3）与渐进式创新绩效关系中扮演中介机制的角色；

H11a：企业异质性——吸收能力在组合（S4）与突破式创新绩效关系中扮演中介机制的角色；

H11b：企业异质性——吸收能力在组合（S4）与渐进式创新绩效关系中扮演中介机制的角色。

综上，本章的研究框架如图 5 - 1 所示。

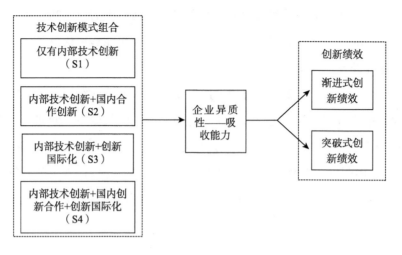

图 5 - 1　基于中介机制分析的研究框架

5.2　研究设计

5.2.1　数据来源与样本选择

本章使用的数据主要来自于中国创新型（高科技）企业数据库，与第三章和第四章保持一致。详细说明见 3.2.1 和 4.2.1。样本企业技术创新模式组合的选择如表 3 - 1 所示，可以看出选择多元技术创新模式组合的样本观测值占到 85.66%。

5.2.2　模型设定

为探讨企业异质性——吸收能力的中介效应，本章根据 Baron & Kenny (1986)[166]、解学梅、左蕾蕾（2013）[167] 的研究方法，将回归过程分三步进行：第一步验证技术创新模式组合与创新绩效之间的关系，结果应该显著；第二步验证技术创新模式组合与吸收能力之间的关系，结果也应该显著；第三步将技术创新模式组合和吸收能力同时带入回归方程，验证二者与因变量企业创新绩效的关系。此时，技术创新模式组合对创新绩效的影响值若与第一步中的值相比变小且不显著，则表示完全中介，若显著且比第一步中的值小则为部分中介，但吸收能力与创新绩效之间的关系应仍然显著。

另外，考虑到技术创新模式组合选择的内生性问题，本章通过联立方程构建的具体模型，如模型（5－1）至模型（5－3）所示，将企业规模、人力资本、吸收能力和营销能力作为影响技术创新模式组合选择的前置变量，研究吸收能力在技术创新模式组合与企业创新绩效之间扮演的中介角色。

技术创新模式组合与创新绩效的关系如模型（5－1）所示。

$$\begin{cases} YF_t = \alpha_1 \, SIZE_{t-1} + \alpha_2 \, HR_{t-1} + \alpha_3 \, FA_{t-1} + \alpha_4 \, MC_{t-1} + \varepsilon \\ PER_t = \beta_1 \, YF_{t-1} + \beta_2 \, MC_{t-1} + \beta_3 \, IR_{t-1} + \beta_4 \, MI_{t-1} + \varepsilon \end{cases} \quad \text{模型（5－1）}$$

技术创新模式组合与吸收能力的关系如模型（5－2）所示。

$$\begin{cases} YF_t = \alpha_1 \, SIZE_{t-1} + \alpha_2 \, HR_{t-1} + \alpha_3 \, FA_{t-1} + \alpha_4 \, MC_{t-1} + \varepsilon \\ FA_t = \beta_1 \, YF_{t-1} + \beta_2 \, HR_{t-1} + \beta_3 \, SIZE_{t-1} + \beta_4 \, IR_{t-1} + \varepsilon \end{cases} \quad \text{模型（5－2）}$$

技术创新模式组合、吸收能力与创新绩效的关系如模型（5－3）所示。

$$\begin{cases} YF_t = \alpha_1 \, SIZE_{t-1} + \alpha_2 \, HR_{t-1} + \alpha_3 \, FA_{t-1} + \alpha_4 \, MC_{t-1} + \varepsilon \\ PER_t = \beta_1 \, YF_{t-1} + \beta_2 \, FA_{t-1} + \beta_3 \, MC_{t-1} + \beta_4 \, IR_{t-1} + \beta_5 \, MI_{t-1} + \varepsilon \end{cases} \quad \text{模型（5－3）}$$

其中，YF 代表技术创新模式组合，包含 S1、S2、S3 和 S4 组合；PER 代表创新绩效，包含 RI 和 II；$SIZE$ 代表企业规模；HR 代表企业人力资本；FA 代表企业吸收能力；MC 代表企业营销能力；IR 代表行业技术机会；MI 代表区域市场化程度；ε 代表残差项；t 代表研究样本时间。

5.2.3　变量说明

本章的自变量——技术创新模式组合（YF），因变量——创新绩效（PER），控制变量——企业规模（SIZE）、企业营销能力（MC）、人力资本（HR）、行业技术机会（IR）、区域市场化程度（MI），以及中介变量——企业异质性（吸收能力，FA）的定义与第三、四章保持一致，详见"3.2.3"和"4.2.3"，具体的变量定义参见表 5-1。

表 5-1　基于中介机制分析的变量定义

变量名称			定义
因变量	创新绩效 （PER）	突破式（RI）	国际新产品的销售收入
		渐进式（II）	国内和企业新产品的销售收入之和
自变量	技术创新 模式组合	技术创新模式 S1	虚拟变量，当 CRD 和 ARD 都为 0 时赋值为 1，否则为 0
		技术创新模式 S2	虚拟变量，当 CRD 取 1 且 ARD 取 0 时赋值为 1，否则为 0
		技术创新模式 S3	虚拟变量，当 CRD 取 0 且 ARD 取 1 时赋值为 1，否则为 0
		技术创新模式 S4	虚拟变量，当 CRD 和 ARD 都为 1 时赋值为 1，否则为 0
中介变量	企业异质性（FA）		企业当年被受理的发明专利申请数
控制变量	企业规模（SIZE）		企业总资产
	人力资本（HR）		R&D 人员/总人数
	营销能力（MC）		营业利润/总收入
	行业技术机会（IR）		行业研究开发费用/行业销售收入
	市场化程度（MI）		《中国分省份市场化指数报告（2016）》

5.3　中介机制的实证结果与分析

5.3.1　描述性统计

表 5-2 显示了变量的均值、最大值、最小值和标准差，以展示样本企业的主要特征。据表可知，样本企业之间的突破式创新绩效与渐进式创新绩效的差异明显，最大值分别是 15.941 和 17.451，最小值都为 0，且标准差分别为 4.998 和 3.093，初步说明对我国高科技（创新型）企业的差异化创新绩效进

行分析的必要性。对于样本企业的技术创新模式组合来说，以"内部技术创新+国内合作创新"的技术创新模式组合为主（据表 3-1 占比为 74.82%），但企业之间的差异也比较大（S2 的均值为 0.748，标准差为 0.434）；S3 的均值仅为 0.007，说明样本企业对"内部技术创新+创新国际化"的技术创新模式组合的重视不足。针对企业吸收能力的统计发现，其最大值为 8.034，最小值为 0，标准差为 1.625，样本企业之间的吸收能力的差异比较明显。

另外，在控制变量方面，从企业规模（SIZE）、企业营销能力（MC）和区域市场环境（MI）等角度展示了样本企业的多样性和差异性，如差异最为明显的是企业营销能力，标准差为 117.278。

表 5-2　基于中介机制分析的变量描述性统计

变量	均值	最小值	最大值	标准差
RI	4.243	0	15.941	4.998
II	10.664	0	17.451	3.093
S1	0.143	0	1	0.351
S2	0.748	0	1	0.434
S3	0.007	0	1	0.082
S4	0.102	0	1	0.302
FA	2.509	0	8.034	1.625
SIZE	2.528	2.059	2.972	0.161
HR	0.038	0	0.491	0.057
MC	105.581	0.364	1205.617	117.278
IR	0.727	0	1	0.446
MI	6.242	0.060	9.180	1.572

5.3.2　相关性检验

由表 5-3 可以看出，虽然 S1 和 S2 的相关系数高达 -0.705，以及 S2 和 S4 的相关系数达到 -0.580，但由于 S1、S2、S3 和 S4 是分别独自引入相关模型的（见模型 5-2 至模型 5-5），因此，此时的高度相关性不会对回归结果造成偏差。另外，表中其他变量间的相关系数均低于 0.5，说明变量间不存在严重的多重共线性问题，可以直接进行回归且估计结果可信。

表5-3 除因变量外的其他变量相关系数

	S1	S2	S3	S4	FA	SIZE	HR	MC	IR
S2	-0.705	1.000							
S3	-0.034	-0.142	1.000						
S4	-0.138	-0.580	-0.028	1.000					
FA	0.163	0.068	0.070	0.269	1.000				
SIZE	-0.028	0.024	-0.022	0.005	-0.010	1.000			
HR	0.074	-0.040	0.061	-0.044	0.132	0.015	1.000		
MC	0.017	-0.049	0.028	0.044	0.181	0.110	0.008	1.000	
IR	0.026	0.008	0.017	-0.046	0.026	-0.381	0.006	0.012	1.000
MI	-0.003	0.014	-0.030	-0.008	0.012	0.209	-0.055	0.032	0.093

此外，本部分还呈现了因变量与其他各变量之间的相关系数，如表5-4所示。结合表5-3和表5-4，我们发现企业异质性——吸收能力与突破式创新绩效和渐进式创新绩效之间存在显著的相关性，且与四类技术创新模式组合之间也存在着相关性，这为我们检验企业异质性——吸收能力的中介机制，提供了初步的研究基础。具体的实证检验将在第5.4.3部分展开。

表5-4 基于中介机制分析的因变量与其他变量的相关系数

	RI	II
RI	1.000	0.006
II	0.006	1.000
S1	-0.141	0.003
S2	0.008	0.017
S3	0.037	0.017
S4	0.164	0.016
FA	0.250	0.001
SIZE	0.037	0.546
HR	-0.019	0.006
MC	0.119	0.059
IR	-0.056	-0.161
MI	-0.022	0.207

5.3.3 回归分析

借助于计量软件 stata12.0 进行逐步多元回归，结果见表 5－5 至表 5－8。

表 5－5 考察企业异质性——吸收能力对仅有内部技术创新模式的 S1 组合与企业突破式创新绩效和渐进式创新绩效的中介效果。模型 1 和模型 2 考察自变量技术创新模式组合 S1 与创新绩效的直接效应，发现技术创新模式组合 S1 与企业突破式创新绩效 RI 之间的关系不显著，而与渐进式创新绩效之间是显著的正向关系。这是因为渐进式创新绩效往往是对已有产品技术在原有技术轨道的基础上进行的渐进式改变，而突破式创新绩效则是对原有产品技术的破坏以建立新的技术轨道，虽然自身的内部技术创新增加原有技术知识的存量，但仅依靠企业自身内部的创新资源和能力不能满足其所需的综合化和复杂化的要求，不能掌握外部技术知识的发展趋势；要获得好的突破式创新绩效对外部新技术知识的吸收是必要的（孙婧，2013）[146]，所以，仅采用企业内部技术创新模式会对企业突破式创新绩效产生不显著的影响。模型 3 考察技术创新模式组合与企业吸收能力之间的关系，发现技术创新模式组合 S1 与企业吸收能力之间显著正相关，即技术创新模式组合 S1 利于企业提升吸收能力，原因在于企业内部技术创新会对原有技术进行改进或开发全新技术，增加企业的创新能力，提高企业的吸收能力。模型 4 和模型 5 把技术创新模式组合 S1 与企业吸收能力同时引入回归方程以考察吸收能力的中介效应，发现企业吸收能力对渐进式创新绩效和突破式创新绩效的影响都显著为正，而技术创新模式组合对突破式创新绩效的影响仍然不显著；通过分别对比模型 2 和模型 5 发现技术创新模式组合 S1 对创新绩效的影响系数有所减小（0.045＞0.026），说明存在部分中介效应，支持假设 8b，即技术创新模式组合 S1 通过影响企业吸收能力而对企业的渐进式创新绩效产生影响。通过模型 1 和模型 4 发现，技术创新模式与突破式创新绩效的关系都是不显著的，不满足存在中介效应的条件，假设 8a 未得到支持。

表5-5　企业异质性对组合S1与创新绩效的中介效果

第一阶段		模型1	模型2	模型3	模型4	模型5
SIZE		-0.118*	-0.145**	-0.121*	-0.117*	-0.145**
		(-1.82)	(-2.23)	(-1.86)	(-1.81)	(-2.23)
HR		0.811***	0.818***	0.814***	0.806***	0.818***
		(4.29)	(4.33)	(4.31)	(4.27)	(4.33)
FA		-0.047***	-0.049***	-0.056***	-0.049***	-0.049***
		(-6.89)	(-7.26)	(-8.29)	(-7.24)	(-7.26)
MC		0.000*	0.000**	0.000**	0.000**	0.000**
		(1.93)	(2.03)	(2.18)	(1.99)	(2.03)
_CONS		0.529***	0.601***	0.557***	0.533***	0.602***
		(3.22)	(3.65)	(3.39)	(3.24)	(3.66)

第二阶段		模型1	模型2	模型3	模型4	模型5
		技术创新模式组合与创新绩效		创新模式组合与企业异质性	中介效应	
		RI	II	FA	RI	II
自变量	S1	0.031	0.045**	0.835***	0.018	0.026***
		(1.74)	(2.16)	(5.91)	(1.36)	(3.88)
中介变量	FA				0.711***	0.012*
					(7.99)	(1.98)
控制变量	MC	0.006***	0.001*	0.003***	0.004***	0.001*
		(4.45)	(1.68)	(6.59)	(3.13)	(1.70)
	IR	-0.545*	-1.341***	0.110	-0.604**	-1.340***
		(-1.74)	(-6.67)	(1.06)	(-1.97)	(-6.66)
	MI	-0.059	0.328***	-0.000	-0.051	0.327***
		(-0.88)	(7.69)	(-0.02)	(-0.79)	(7.69)
常数项	_CONS	4.520***	8.732***	2.322***	2.878***	8.765***
		(7.56)	(22.76)	(11.77)	(4.66)	(21.57)
样本量	N	1218	1218	1218	1218	1218

注：变量第一行为系数，第二行括号内为t值，*0.1水平下显著，**0.05水平下显著，***0.01水平下显著，下表同。

表5-6 考察企业异质性——吸收能力对"内部技术创新+国内合作创

新"模式组合 S2 与企业突破式创新绩效和渐进式创新绩效的中介效果。模型 6 和模型 7 考察自变量技术创新模式组合 S2 与创新绩效的直接效应，发现技术创新模式组合 S2 与企业突破式创新绩效（RI）和渐进式创新绩效（II）之间的关系都是正向显著的（$\beta = 0.361$，$P < 0.1$；$\beta = 0.482$，$P < 0.05$）。考察吸收能力和技术创新模式组合关系的模型 8 的结果显示，模式组合 S2 能提升企业的吸收能力（$\beta = 0.417$，$P < 0.01$）。模型 9 和模型 10 显示，技术创新模式组合 S2、吸收能力对企业突破式创新绩效和渐进式创新绩效的影响都是显著正向的，并且通过分别对比模型 6 和模型 9、模型 7 和模型 10，发现模型 9 中的技术创新模式组合对突破式创新绩效的影响系数小于模型 6 中的（$0.356 < 0.361$），模型 10 中的创新模式组合对渐进式创新绩效的影响系数也小于模型 7 中（$0.427 < 0.482$），满足存在中介效应的条件，验证了假设 9a 和假设 9b，即技术创新模式组合 S2 通过影响企业吸收能力进而影响企业的两类创新绩效（RI 和 II）。企业通过与国内其他企业、机构的创新合作，可以共享利用技术知识、市场信息，能使企业捕捉到相关技术、市场的变化趋势并做出反应，一方面会对企业的创新绩效产生直接的正向影响；另一方面企业能通过向创新合作伙伴学习以及整合利用国内合作伙伴的技术知识等创新资源，提高自身的吸收能力，进而提升创新绩效。

表 5-6　企业异质性对组合 S2 与创新绩效的中介效果

第一阶段	模型 6	模型 7	模型 8	模型 9	模型 10
	S2	S2	S2	S2	S2
SIZE	0.105	0.133 *	0.107	0.106	0.133 *
	(1.32)	(1.67)	(1.34)	(1.33)	(1.66)
HR	-0.517 **	-0.524 **	-0.529 **	-0.520 **	-0.524 **
	(-2.23)	(-2.26)	(-2.29)	(-2.24)	(-2.26)
FA	-0.011	-0.009	-0.021 ***	-0.010	-0.009
	(-1.38)	(-1.14)	(-2.58)	(-1.15)	(-1.13)
MC	-0.000 *	-0.000 *	-0.000	-0.000 *	-0.000 *
	(-1.72)	(-1.79)	(-1.51)	(-1.76)	(-1.79)

续表

第一阶段		模型 6	模型 7	模型 8	模型 9	模型 10
		S2	S2	S2	S2	S2
_CONS		0.524***	0.449**	0.542***	0.518**	0.450**
		(2.59)	(2.22)	(2.69)	(2.56)	(2.23)
第二阶段		模型 6	模型 7	模型 8	模型 9	模型 10
		技术创新模式组合与创新绩效		创新模式组合与企业异质性	中介效应	
		RI	II	FA	RI	II
自变量	S2	0.361*	0.482**	0.417***	0.356*	0.427***
		(1.96)	(2.38)	(3.73)	(1.97)	(3.87)
中介变量	FA				0.750***	0.015**
					(8.44)	(2.10)
控制变量	MC	0.006***	0.001*	0.003***	0.004***	0.001*
		(4.48)	(1.67)	(6.57)	(3.09)	(1.69)
	IR	−0.585*	−1.335***	0.090	−0.632**	−1.334***
		(−1.85)	(−6.64)	(0.87)	(−2.05)	(−6.63)
	MI	−0.055	0.329***	0.004	−0.051	0.328***
		(−0.83)	(7.71)	(0.18)	(−0.78)	(7.71)
常数项	_CONS	4.567***	8.791***	2.520***	2.698***	8.833***
		(7.00)	(21.21)	(11.72)	(4.03)	(20.19)
样本量	N	1218	1218	1218	1218	1218

表 5−7 考察企业异质性——吸收能力对"内部技术创新＋创新国际化"模式组合 S3 与企业两类创新绩效（RI 和 II）的中介效果。模型 11 和模型 12 考察自变量技术创新模式组合 S3 与创新绩效的直接效应，发现技术创新模式组合 S3 与企业突破式创新绩效 RI 和渐进式创新绩效 II 之间的关系都是正向显著的（$\beta = 1.048$，$P < 0.05$；$\beta = 0.459$，$P < 0.05$）。由模型 13 可知，技术创新模式组合 S3 能提升企业的吸收能力（$\beta = 1.244$，$P < 0.1$）。由模型 14 和模型 15 发现，技术创新模式组合 S3、吸收能力对企业两类创新绩效（RI 和 II）都产生正向显著的影响，并且通过分别对比模型 11 和模型 14、模型 12 和模型 15 中的技

术创新模式组合 S3 对企业创新绩效的影响发现系数都变小了（0.756 < 1.048，0.353 < 0.459），满足存在中介效应的条件，即技术创新模式组合 S3 通过影响吸收能力进而影响突破式创新绩效和渐进式创新绩效，假设 10a 和假设 10b 得到支持。通过"内部创新 + 创新国际化"，既可以加强与境外机构的创新合作，也能够增加企业能力的积累（Miotti & Sachwald，2003）[148]，从而提升创新绩效。

表 5 - 7 企业异质性对组合 S3 与创新绩效的中介效果

第一阶段		(11)	(12)	(13)	(14)	(15)
		S3	S3	S3	S3	S3
SIZE		- 0.009	- 0.017	- 0.009	- 0.009	- 0.017
		(- 0.58)	(- 1.13)	(- 0.58)	(- 0.58)	(- 1.13)
HR		0.107 **	0.106 **	0.107 **	0.107 **	0.106 **
		(2.42)	(2.40)	(2.42)	(2.41)	(2.40)
FA		0.004 ***	0.004 ***	0.005 ***	0.004 ***	0.004 ***
		(2.83)	(2.81)	(3.25)	(2.82)	(2.80)
MC		0.000	0.000	0.000	0.000	0.000
		(0.99)	(1.05)	(0.92)	(0.99)	(1.05)
_CONS		0.012	0.034	0.011	0.012	0.034
		(0.32)	(0.87)	(0.28)	(0.32)	(0.88)
第二阶段		(11)	(12)	(13)	(14)	(15)
		技术创新模式组合与创新绩效		创新模式组合与企业异质性	中介效应	
		RI	II	FA	RI	II
自变量	S3	1.048 **	0.459 **	1.244 *	0.756 **	0.353 *
		(2.19)	(2.04)	(1.70)	(2.43)	(1.72)
中介变量	FA				0.748 ***	0.017 *
					(8.45)	(1.96)
控制变量	MC	0.006 ***	0.001	0.003 ***	0.004 ***	0.001 *
		(4.46)	(1.63)	(6.58)	(3.07)	(1.66)
	IR	- 0.579 *	- 1.343 ***	0.094	- 0.628 **	- 1.342 ***
		(- 1.83)	(- 6.68)	(0.89)	(- 2.04)	(- 6.68)
	MI	- 0.056	0.330 ***	0.002	- 0.051	0.330 ***
		(- 0.84)	(7.75)	(0.10)	(- 0.78)	(7.75)

第二阶段		(11)	(12)	(13)	(14)	(15)
		技术创新模式 组合与创新绩效		创新模式组合 与企业异质性	中介效应	
		RI	II	FA	RI	II
常数 项	_CONS	4.284 ***	8.717 ***	2.203 ***	2.648 ***	8.755 ***
		(7.12)	(22.84)	(11.09)	(4.30)	(21.78)
样本 量	N	1218	1218	1218	1218	1218

表 5 - 8 考察企业异质性——吸收能力对"内部技术创新 + 国内合作创新 + 创新国际化"模式组合 S4 与企业两类创新绩效（RI 和 II）的中介效果。模型 16 和模型 17 考察自变量技术创新模式组合与创新绩效的直接效应，发现技术创新模式组合 S4 与企业突破式创新绩效之间的关系是显著正向的（β = 3.270，P < 0.01），而与渐进式创新绩效之间的关系是不显著的。由模型 18 知，技术创新模式组合与吸收能力显著正相关（β = 2.244，P < 0.01），即技术创新模式组合 S4 能提升企业的吸收能力。由模型 19 可知，技术创新模式组合 S4 和吸收能力与突破式创新绩效正相关，且与模型 16 相比，技术创新模式组合 S4 对突破式创新绩效的影响系数变小且显著（1.736 < 3.270），满足存在中介效应的条件，即技术创新模式组合 S4 对企业突破式创新绩效的部分影响要通过提升企业吸收能力产生，验证了假设 11a。由模型 17 和模型 20 发现，技术创新模式组合 S4 对企业渐进式创新绩效的影响不显著，未满足存在中介效应的条件，假设 11b 未得到验证。采用 S4 技术创新模式组合的企业，目的往往是从外部吸取不同类型的知识、信息、技术等稀缺创新资源，以寻求技术上的重大突破，保证技术上的领先地位，因此，对突破式创新绩效的影响更显著。另外，企业与外部机构组织的互动合作越多，则企业从外部学习与技术、市场相关的知识的机会就越多，这对创新绩效产生的影响更大（Suseno & Ratten，2007）[168]。

表 5-8 企业异质性对组合 S4 与创新绩效的中介效果

第一阶段		(16)	(17)	(18)	(19)	(20)
		S4	S4	S4	S4	S4
SIZE		0.025	0.025	0.024	0.022	0.027
		(0.47)	(0.48)	(0.47)	(0.42)	(0.51)
HR		-0.406***	-0.400***	-0.356**	-0.399***	-0.400***
		(-2.66)	(-2.62)	(-2.38)	(-2.62)	(-2.62)
FA		0.056***	0.054***	0.083***	0.054***	0.054***
		(10.16)	(9.91)	(15.39)	(9.91)	(9.91)
MC		-0.000	-0.000	-0.000	-0.000	-0.000
		(-0.13)	(-0.08)	(-1.00)	(-0.08)	(-0.09)
_CONS		-0.077	-0.074	-0.137	-0.067	-0.079
		(-0.58)	(-0.56)	(-1.04)	(-0.51)	(-0.60)
第二阶段		(16)	(17)	(18)	(19)	(20)
		技术创新模式组合与创新绩效		创新模式组合与企业异质性	中介效应	
		RI	II	FA	RI	II
自变量	S4	3.270***	0.140	2.244***	1.736***	0.197
		(6.97)	(0.46)	(15.06)	(3.63)	(0.63)
中介变量	FA				0.660***	0.022**
					(7.21)	(2.03)
控制变量	MC	0.005***	0.001*	0.003***	0.004***	0.001*
		(4.22)	(1.65)	(6.16)	(3.11)	(1.69)
	IR	-0.526*	-1.340***	0.108	-0.578*	-1.337***
		(-1.68)	(-6.66)	(1.09)	(-1.89)	(-6.64)
	MI	-0.053	0.329***	0.004	-0.049	0.328***
		(-0.81)	(7.71)	(0.18)	(-0.76)	(7.71)
常数项	_CONS	3.948***	8.717***	1.991***	2.645***	8.767***
		(6.63)	(22.73)	(10.53)	(4.32)	(21.79)
样本量	N	1218	1218	1218	1218	1218

另外，结合表 5-5 至表 5-8，通过对比企业异质性——吸收能力分别对突破式创新绩效与渐进式创新绩效产生的影响（模型 4 和模型 5、模型 9 和模型

10、模型 14 和模型 15、模型 19 和模型 20），发现企业异质性——吸收能力对企业突破式创新绩效的影响远大于对渐进式创新绩效的影响（0.711 > 0.012，0.750 > 0.015，0.748 > 0.017，0.660 > 0.022），这是因为突破式创新绩效的获得一般涉及产品原有技术特征的根本性改变，对企业能力的要求更高。因此，追求突破式创新绩效的企业要更注重对自身吸收能力的培养和提升。

5.3.4 稳健性检验

为保证上述回归结果的稳定，本部分主要采取了三种方法，一是对波动较大的变量（企业规模、创新绩效、吸收能力）取自然对数，以减少数据的波动，保证回归结果的稳定性（Keller，2004）[157]；二是为保证因果关系的方向性本部分将公式方程右边的变量滞后（Granger，1980）[158]；三是以内部技术创新模式（IRD）、国内合作创新模式（CRD）和创新国际化（ARD）的交叉项作为技术创新模式组合的替代变量，考察表 5 - 6 至表 5 - 9 的回归结果的稳定性，即以 CIRD 表示 IRD * CRD 替代 S2 组合，AIRD 表示 IRD * ARD 替代 S3 组合，CAIRD 表示 IRD * CRD * ARD 替代 S4 组合，结果如表 5 - 9 至表 5 - 11 所示❶，表中结果基本与表 5 - 5 和表 5 - 8 的回归结果保持一致。因此，表 5 - 5 和表 5 - 8 的回归结果具有稳定性和可信性。

表 5 - 9　企业异质性对技术创新模式交互效应的中介效果

		(1')	(2')	(3')	(4')	(5')
		技术创新模式交互与创新绩效		交互与企业异质性	中介效应	
		因变量				
		RI	II	FA	RI	II
自变量	CIRD	1.427 ***	0.979 ***	0.112 **	1.383 ***	0.953 ***
		(3.72)	(4.24)	(2.08)	(3.62)	(4.22)

---

❶ 表格中只呈现主要变量，如需详细的回归结果可向作者索要。

续表

		(1')	(2')	(3')	(4')	(5')
		技术创新模式交互与创新绩效		交互与企业异质性	中介效应	
		因变量				
		RI	II	FA	RI	II
中介变量	FA				0.406***	0.051*
					(3.82)	(1.83)
常数项	_CONS	−6.981***	−1.190*	−3.088***	−5.723***	−1.032
		(−6.35)	(−1.88)	(−10.46)	(−5.01)	(−1.56)
样本量	N	1218	1218	1218	1218	1218

表 5 – 10　企业异质性对技术创新模式交互效应的中介效果

		(6')	(7')	(8')	(9')	(10')
		交互与创新绩效		交互与企业异质性	中介效应	
		因变量				
		RI	II	FA	RI	II
自变量	AIRD	1.716***	0.967***	0.626***	1.482***	0.948***
		(3.52)	(3.44)	(4.82)	(3.03)	(3.34)
中介变量	FA				0.373***	0.031**
					(3.47)	(2.49)
常数项	_CONS	−5.838***	−0.503	−2.806***	−4.788***	−0.417
		(−5.26)	(−0.79)	(−9.51)	(−4.18)	(−0.63)
样本量	N	1218	1218	1218	1218	1218

表 5 – 11　企业异质性对技术创新模式交互效应的中介效果

		(11')	(12')	(13')	(14')	(15')
		交互与绩效		交互与企业异质性	中介效应	
		因变量				
		RI	II	FA	RI	II
自变量	CAIRD	1.806***	0.964	0.606***	1.579***	0.944
		(3.59)	(1.32)	(4.52)	(3.13)	(1.22)

续表

		(11')	(12')	(13')	(14')	(15')
		交互与绩效		交互与企业异质性	中介效应	
		因变量				
		RI	II	FA	RI	II
中介变量	FA				0.374 ***	0.033 *
					(3.49)	(1.85)
常数项	_CONS	− 5.852 ***	− 0.531	− 2.830 ***	− 4.789 ***	− 0.437
		(− 5.28)	(− 0.83)	(− 9.59)	(− 4.19)	(− 0.66)
样本量	N	1218	1218	1218	1218	1218

5.4 本章小结

本章以2008—2011年中国高科技（创新型）企业为研究样本，利用Sta-ta12.0计量软件，运用两阶段回归（2SLS）方法实证考察了企业异质性——吸收能力对技术创新模式组合与企业差异化创新绩效关系的中介机制。

企业异质性——吸收能力是影响多元技术创新模式组合与企业创新绩效的重要中间机制。本章的假设验证结果如表5-12所示。

表5-12 基于中介机制分析的假设验证结果

编号	假设内容	是否通过
H8a	吸收能力在组合S1与突破式创新绩效扮演中介机制的角色	×
H8b	吸收能力在组合S1与渐进式创新绩效扮演中介机制的角色	√
H9a	吸收能力在组合S2与突破式创新绩效扮演中介机制的角色	√
H9b	吸收能力在组合S2与渐进式创新绩效扮演中介机制的角色	√
H10a	吸收能力在组合S3与突破式创新绩效扮演中介机制的角色	√
H10b	吸收能力在组合S3与渐进式创新绩效扮演中介机制的角色	√
H11a	吸收能力在组合S4与突破式创新绩效扮演中介机制的角色	√
H11b	吸收能力在组合S4与渐进式创新绩效扮演中介机制的角色	×

有关吸收能力中介机制的研究结论主要有：

①技术创新模式组合 S1 通过影响企业吸收能力而对企业的渐进式创新绩效产生影响，而对企业突破式创新绩效的中介机制未得到证实；

②技术创新模式组合 S2 和技术创新模式组合 S3 都能通过影响企业吸收能力进而影响企业的两类创新绩效（突破式和渐进式），即企业吸收能力在技术创新模式组合 S2 和 S3 分别与企业渐进式创新绩效和突破式创新的关系中扮演着中介的角色；

③技术创新模式组合 S4 对企业突破式创新绩效的部分影响要通过提升企业吸收能力产生，而技术创新模式组合 S4 对企业渐进式创新绩效的影响不显著，未满足存在中介效应的条件。

第六章 政府参与情境下企业异质性对技术创新模式组合与创新绩效关系的影响分析

在推进国家创新驱动发展的过程中，分别作为创新驱动的主导和主体力量的政府与企业将扮演着重要的角色。由于单纯依靠市场对创新的激励达不到社会所需的最优创新投入水平（Grossman & Helpman，1991）[126]，需要借助于政府这一"有形之手"的参与，以弥补"市场失灵"。政府凭借资源配置、制度供给和公共服务等手段能够影响企业创新发展（陈岩等，2014）[9]。自后危机时代以来，中国各级政府的财政科技支出由 2008 年的 2129.21 亿元增长至 2015 年的 7005.8 亿元❶，累计建设国家工程研究中心 132 个，国家工程实验室 158 个，国家认定企业技术中心 1187 家❷，在企业创新发展中发挥了重要的驱动、引领作用。与此同时，据国家知识产权局的统计，2014 年共受理 92.8 万件发明专利的申请，持续 4 年居世界首位；但需要我们特别注意的是，在有效发明专利的平均维持年限、说明书页数和权利要求项数等质量上存在明显的差异：如国内专利的平均维持年限仅为 6.0 年，低于国外来华专利 9.4 年；从有效发明专利和看，国内专利平均的说明书页数为 7.3 页，比国外来华专利低 10.9 页，国内专利平均的权利要求项数为 7.8 项，比国外来华专利低 9.8 项。

---

❶ 数据来自中国国家统计局公布的 2008 年和 2015 年全国科技经费投入统计公报。
❷ 数据来自中国国家统计局公布的 2015 年国民经济和社会发展统计公报。

可以看出，为促进我国企业创新发展，虽然政府对创新活动的参与在逐年增加，然而同时我们也面临这样的事实，即我国企业的创新能力得到提升的空间有限，与发达国家仍存在一定距离。在当前我国经济发展的"三期叠加阶段"，企业开展创新活动面临着更加复杂的外部环境。在此情境下，政府究竟该如何参与企业的创新活动，更好地发挥政府作用，以使企业获得更好的创新绩效，是当前急需解决的关键问题之一。而已有文献忽略了不同政府参与方式的差异化影响，会对政府参与企业创新活动的指导建议造成偏差。因此，本部分以企业技术创新模式组合与企业差异化创新绩效为主线，通过引入企业所面临的两个方向上的政府参与因素，考察两个方向上的政府参与对企业吸收能力"双重角色"的调节机制，同时通过比较两个方向上的政府参与的效果，为政府如何参与企业创新活动，以获得最优的创新绩效提供借鉴。

6.1 理论分析与研究假设❶

政府参与作为影响企业技术创新活动的重要外在情境因素，会对企业创新活动的效果产生重要影响（Port，1990）[169]。已有文献集中于研究政府 R&D 投入、政府补贴、科技资助、创新激励、知识产权保护等方面（Geisler，1997；朱平芳、徐伟民，2003；李平、王春晖，2010；陈明等，2011）[133,106,127,129]，多研究政府参与和企业创新行为之间的直接效果，如陈岩等（2014）研究了政府针对企业的科技资源配置差异与企业创新效果之间的关系。[9] Port（1990）从创造创新环境的角度研究了政府行为对技术创新的影响指出，从某种意义上讲，政府只是作为某一企业的外在环境发挥作用，并加强或者是削弱其竞争力，即政府以外在情境因素的角色可以影响企业能力。[169] 结合宋磊、朱天飚

---

❶ 本章是在第四、五章的基础上展开，第四、五章已全面论述了企业异质性在技术创新模式组合与企业绩效关系之间的"双重机制"。因此，本部分的研究假设仅论述政府参与如何通过调节企业异质性进而影响创新绩效。

(2013)[44]的研究，政府参与经济活动的方式根据参与的方向性可划分为横向参与和纵向参与，则进一步地考虑政府参与企业创新活动的方向性也可以划分为相似的参与方式：政府参与中的横向参与（如区域知识产权保护程度、区域市场化进程、区域中的技术市场发展状况以及金融发展水平）可以为企业开展创新活动提供良好的基础性制度设施，影响吸收能力的作用效果；纵向政府参与（如针对企业的科技资源配置、激励、政治关联的强度等和针对行业的扶持政策等）通过为特定企业提供创新激励或资源配置等会对企业的吸收能力产生影响，从而影响绩效。

目前，国内外已有大量文献为政府参与企业创新活动提供了理论基础（Grossman & Helpman，1991；李平、王春晖，2010；刘磊、刘毅进，2012；陈岩等，2014）[126-128,9]。政府作为国家创新体系中最重要的主体之一，具有宏观调控、制定或修改法律法规、规范引导其他创新主体的能力和权力，具有培育市场、维护市场秩序的能力和权力（陈明等，2011）[129]，会对企业的创新活动产生重要的影响。创新活动作为一项高风险、长周期的投资且具有一定程度的"公共产品"的性质，会发生企业开展创新活动的回报不能够涵盖其投入的问题，仅仅依靠市场机制来激励企业创新，可能会出现创新投入达不到社会所需的最优水平的问题（Grossman & Helpman，1991）[126]，此时就需要借助政府的适度参与来弥补"市场失灵"带来的缺陷（李平、王春晖，2010）[127]。然而有关政府参与与企业创新关系的已有相关文献多集中于从政府参与创新的某一方面如经费投入或创新激励等来研究（朱平芳、徐伟民，2003；李平、王春晖，2010）[106,127]，忽略了政府参与方向上的差异。如陈明等（2011）认为，产学研合作的有效运行更需要政府参与；[129]朱平芳、徐伟民（2003）利用上海市大中型工业企业的面板数据，研究发现政府的科技激励政策能正向影响企业自筹的R&D投入，科技开发贷款显著影响企业的专利产出，相比之下，政府对企业直接的科技开发拨款对专利产出的影响则是间接和不明显的。[106]陈岩等（2014）实证研究了政府科技资源配置对中国创新型企业创新能力与产出的影响，结果发现，对构建企业创新能力影响最大的是科技资源配置中的国家重点实验室等科研机构的设立数，科研经费的投入其次，并且它们都正向影响创新产出。[9]而张青等（2006）针对上海市的研究发现，由于政府的科技投入存在资金冗余，反而不利于企业的创新产生。与张青等（2006）[130]观点相似的还有 Lach（2002）[131]、王一卉（2013）[132]等。如 Lach（2002）[131]发现政府对大企业在 R&D 上的补贴会阻碍企业的创新投入。王一卉（2013）[132]针对中国国有企业的研究也与该结论保持一致，证实政府补贴会导致企业创新绩效的下降。

为深入探讨政府参与情境下，企业异质性对技术创新模式组合和创新绩效关系的影响，本章节在宋磊、朱天飚（2013）[44]研究的基础上，将政府参与方式划分为横向和纵向，详细的定义见"1.2.2 核心概念界定"。本章的横向政府参与主要包含政府对知识产权、市场交易秩序等制度性基础设施的影响，它可以为企业提供良好的知识产权保护和所需的市场交易环境，促进企业开展创新活动的积极性，增强企业创新能力；纵向政府参与主要包含政府针对某一企业（产业）设立的科研机构、经费投入以及产业政策等，如在企业设立国家重点实验室、国家工程中心和国家级企业技术中心等，或者政府特定的科研经费投入等，这些都可以丰富企业开展创新活动所需的资源基础，提高企业开展创新活动的积极性和能力，促进企业的创新发展。

6.1.1　横向政府参与下企业异质性对技术创新模式组合与创新绩效关系的影响

区域知识产权保护和技术交易市场是影响企业创新活动最重要的两大政府横向参与。本章的横向政府参与主要包括区域知识产权保护、技术交易市场活跃度等制度性基础设施。

技术交易市场是科技创新资源配置的重要渠道和平台，是科技与经济相结合的桥梁和纽带（刘燕华等，2014）[170]，技术市场活跃度反映一个国家或区域的创新质量、活力和潜力。将技术成果作为商品进行交易是技术交易市场的重要特征。技术交易市场是企业增强创新能力的重要途径（陆冲，2007）[171]。企业通过技术交易市场引进专利技术和技术知识，促进知识流动，扩展知识网络（张洁音，2015）[172]，增加企业可利用的知识量，获得企业创新所需要的技术或知识，并在自身消化吸收的基础上进行再创新，形成新的专利和技术知识，满足企业获得良好渐进式创新绩效和突破式创新绩效的知识需求，提升创新能力和吸收能力，从而提高企业的渐进式创新绩效和突破式创新绩效。一方面，技术交易市场具有的信息传递功能可以促进有关技术源和技术特点等信息的转移与传播（高英红，2008）[173]，使得区域内的企业更快地获得所需技术知识并掌握技术发展的趋势；另一方面，技术交易市场具备的激励功能，可以提高企业技术创新的积极性，有效地利用自身资源，发挥自身优势，提升创新吸收能力，获得好的创新绩效。区域技术交易市场活跃度越高，说明企业能够从技术交易市场上快速地获得开展创新所需要的部分技术或信息知识的支撑，增强企业的创新能力，促使企业获得良好的创新绩效；也可以通过改善企业创新的积极性，增强吸收能力，提升创新绩效。谭开明（2008）采用回归分析方法，实证测算了中国1988—2006年的技术市场成交额与技术创新的关联度，结果表明中国技术交易市场的发展和技术创新之间存在着长期动态均衡的关系，即技术市场的发展对技术创新能力的提高具有促进作用。[174]因此，本部分提出以下假设：

H12：横向政府参与——技术交易市场活跃度可以增强吸收能力对创新绩效的影响强度；

H12a：横向政府参与——技术交易市场活跃度可以增强吸收能力对渐进式创新绩效的影响强度；

H12b：横向政府参与——技术交易市场活跃度可以增强吸收能力对突破式创新绩效的影响强度。

政府制定的知识产权制度是保护和激励企业开展技术创新活动的重要手段，影响着企业的创新（Schneide，2005；Fu & Yang，2009）[175-176]。Mansfield（1986）研究指出若没有知识产权的保护，65%的药品发明和30%的化学发明将不会出现。[177]完善的知识产权保护制度有助于国家和企业的技术创新（王华，2011）[178]。史宇鹏、顾全林（2013）研究发现，加强知识产权保护有利于我国创新能力的提升。[179]知识产权保护产生的垄断利润是激励企业进行创新研发投入的关键所在，可以有效地维护创新企业的利益，避免"搭便车"问题，提高企业创新的积极性，提升企业的创新能力和吸收能力，进而提升企业的创新绩效。刘和东（2008）利用协整关系分析和因果关系模型考察了1993—2005年江苏省的知识产权保护与大中型工业企业自主创新能力的关系，发现知识产权保护与创新能力之间具有动态均衡的关系，即知识产权保护强度可以正向影响企业创新能力的提高。[180]宗庆庆等（2014）研究发现，知识产权保护程度的提高显著地推动了中国全样本工业企业的创新研发活动。[181]在知识产权保护程度高的情境下，企业既可以获得开展创新活动的垄断利润（汪红梅，2007）[182]改善企业绩效，也能成为企业开展创新活动的动力，提高企业开展创新活动的积极性，进一步提升创新能力，从而使企业获得更好的创新绩效。因此，提出以下假设：

H13：横向政府参与——知识产权保护可以增强吸收能力对创新绩效的影响强度；

H13a：横向政府参与——知识产权保护可以增强吸收能力对渐进式创新绩效的影响强度；

H13b：横向政府参与——知识产权保护可以增强吸收能力对突破式创新绩效的影响强度。

6.1.2　纵向政府参与下企业异质性对技术创新模式组合与创新绩效关系的影响

纵向政府参与可以为企业提供特有的创新激励，如在企业设立国家重点实验室、国家工程实验室和国家级企业技术中心等特有的科研机构或者政府特定的科研经费投入等，可以丰富企业开展创新所面临的资源基础，提高企业开展创新活动的能力，促进企业的创新发展。本章节纵向政府参与主要指企业内部设立的省部级以上的科研机构数和政府对企业的特定的科技经费投入。

国家重点实验室是构建国家科技创新体系的重要主体之一，是开展高水平基础或应用研究的重要平台和基地。它一般拥有先进的科研设备和配置，经常与国内外的学术大家开展交流活动，可以培养和聚集创新所需的优秀的科技人才（张振刚、陈志明，2013）[183]。开展具有创新性、前瞻性的研究是它的主要任务，研究领域往往涉及重点学科的发展前沿、社会或经济发展以及国家安全等重要科技领域。重点实验室需要在前沿探索研究中取得能产生重大国际影响的原创性成果或者一些可以创新的解决社会经济发展过程中面临的重大科技问题的思想和方法，创新基础理论或者突破关键技术的瓶颈等（王国彪、宋建丽，2015）[184]。国家工程技术研究中心是依托企业、科研机构或高校等设立的创新研究开发的实体，旨在将具有重要市场价值的科技成果进行工程化研究和系统集成后转化为适合规模生产所需要的工程化的共性/关键技术或者具有市场竞争力的技术产品（赵兰香等，2006）[185]。企业内设立的国家工程技术研究中心可以为企业引进、消化、吸收国外先进技术提供基本支撑。国家级企业技术中心是国家为确立企业技术创新的主体地位，对国民经济主要产业中技术创新能力强、创新效果好、具有模范示范作用的企业技术中心予以认定，并给予一定的优惠政策，鼓励和引导企业持续开展创新活动不断提高自主创新的能力（《国家认定企业技术中心管理办法》，2007）。因此，企业中拥有的省级及以上的创新研发机构越多，企业可利用的创新资源（人力、物力）越多，企业的吸收能力越强，会对企业两类创新绩效（渐进式和突破式）产生更大的影响。陈岩等（2014）研究指出政府在企业中设立的省级及以上的研发机构数目与企业创新能力正相关，且能通过提升企业创新能力进而提高企业创新绩效。[9]因此，本部分提出以下假设：

H14：纵向政府参与——设立的省级及以上的创新研发机构数目可以增强吸收能力对创新绩效的影响强度；

H14a：纵向政府参与——设立的省级及以上创新研发机构数目可以增强吸收能力对渐进式创新绩效的影响强度；

H14b：纵向政府参与——设立的省级及以上创新研发机构数目可以增强

吸收能力对突破式创新绩效的影响强度。

创新投入是影响企业创新活动和效果的重要因素，不仅解决了企业面临的技术难题、创造了新技术知识，同时也提升了企业吸收能力（刘常勇、谢洪明 2003）[186]。政府对企业创新投入的项目经费愈多，企业面临的创新融资约束愈少，企业承担风险的能力愈大，开展创新活动的积极性愈高，企业创新能力得到提升的机会愈大。Görg & Strobl（2007）认为政府资金在企业 R&D 活动中发挥着极为重要的作用。[187]李左峰、张铭慎（2012）指出政府对科技项目的投入可以缓解企业开展创新活动面临的资金约束，增强企业开展创新活动的积极性，利于企业提升创新能力，从而改善创新效果。[188]陈岩等（2014）研究认为，政府对企业承担的科技项目的经费投入是政府对企业最为直接的科技资源配置，会直接影响企业创新能力的提升，并通过影响创新能力进而改善企业创新绩效。[9]因此，本部分提出以下假设：

H15：纵向政府参与——政府创新经费投入可以增强吸收能力对创新绩效的影响强度；

H15a：纵向政府参与——政府科技经费投入可以增强吸收能力对渐进式创新绩效的影响强度；

H15b：纵向政府参与——政府科技经费投入可以增强吸收能力对突破式创新绩效的影响强度。

综上，本章节的研究框架如图 6 - 1 所示。

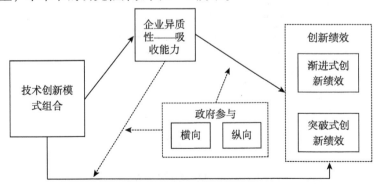

图 6 - 1　基于政府参与情境下的研究框架

6.2　研究设计

6.2.1　数据来源与样本选择

本章使用的核心数据主要来自于中国创新型（高科技）企业数据库，与前面第三、四、五章的数据库保持一致，保证了研究的持续性，利于循序渐进的开展研究。本章有关区域技术市场成交额和区域 GDP 的数据则主要来自国家统计局公布的各年统计年鉴，有关知识产权侵权纠纷结案数和侵权纠纷立案数来源于国家知识产权局公布的各年统计年报。

根据对样本企业技术创新模式组合的分类统计（见表 3－1），发现"企业内部技术创新＋国内合作创新"的模式组合即 S2 组合占比为 74.82%，如图6－2 所示，而且企业之间的差异也比较大（S2 的均值为 0.748，标准差为0.434）。因此，本章节在考察政府参与对企业吸收能力的调节机制时，仅考察S2 组合下的效果。

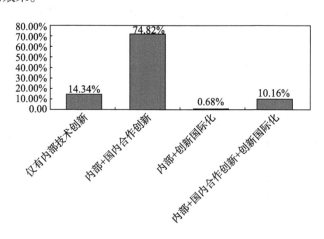

图6－2　技术创新模式组合占比

6.2.2　模型设计

本章主要考察政府参与对企业异质性"双重机制"的调节影响，涉及的模型主要是调节模型和被调节的中介模型。具体来说如下。

考察政府参与对企业异质性——吸收能力的二次调节效果使用的模型是在模型（4-1）的基础上引入一个政府参与对吸收能力的调节模型。如模型（6-1）所示。

$$PER_t = \gamma_1\, YF_{t-1} + \gamma_2\, FA_{t-1} + \gamma_3\, FA_{t-1} * YF_{t-1} + \gamma_4\, GI_{t-1} + \gamma_5\, GI_{t-1}$$
$$* FA_{t-1} * YF_{t-1} + \gamma_6\, CONTROL_{t-1} + \varepsilon \qquad 模型（6-1）$$

考察政府参与对企业异质性——吸收能力中介机制的调节关系，即被调节的中介模型，在模型（5-1）至模型（5-3）的基础上，引入政府参与对吸收能力的调节变量，如模型（6-2）所示。

$$PER_t = \gamma_1\, YF_{t-1} + \gamma_2\, FA_{t-1} + \gamma_3\, GI_{t-1} * FA_{t-1} + \gamma_4\, CONTROL_{t-1} + \varepsilon$$

$$模型（6-2）$$

其中，YF 代表技术创新模式组合，包含 S1、S2、S3 和 S4 组合；PER 代表创新绩效；$CONTROL$ 包含企业营销能力（MC）、行业技术机会（IR）、区域市场化程度（MI）；FA 代表企业吸收能力；GI 代表政府参与，包含横向政府参与（HI）和纵向政府参与（VI）；ε 代表残差项；t 代表研究样本时间。

6.2.3　变量定义

本章的自变量——技术创新模式组合（YF），因变量——创新绩效（PER），控制变量——企业规模（SIZE）、企业营销能力（MC）、人力资本（HR）、行业技术机会（IR）、区域市场化程度（MI），中介（调节）变量——企业吸收能力（FA）等都与第三、四、五章的一致，详见第3.2.3、4.2.3和5.2.3节。

本章引入一个新的调节变量——政府参与（GI），以考察其对企业异质性的调节效应。根据政府的参与方式可以划分为纵向（VI）和横向（HI）。本章节又进一步分别从两个方面衡量：以政府在企业中设立的国家重点实验室、国家工程技术研究中心、国家工程实验室、国家级企业技术中心以及省部级的研究机构数（GT）和政府当年对企业承担的科技项目的经费投入总和（GE）表示纵向参与；以区域知识产权保护水平和技术交易市场的活跃度衡量横向参与，并且以区域内当年累积的知识产权侵权纠纷结案数与当年累积的侵权纠纷立案数的比重衡量区域知识产权保护水平（IP），以区域技术市场成交额占区域 GDP 的比重表示技术交易市场的活跃度（TM）。

具体的变量定义参见表 6-1。

表 6-1　基于政府参与情境下的变量定义

变量名称			定义
因变量	创新绩效（PER）	突破式（RI）	国际新产品销售收入
		渐进式（II）	国内和企业新产品销售收入之和
自变量		技术创新模式组合 S2	虚拟变量，当 CRD 取 1 且 ARD 取 0 时赋值为 1，否则为 0
中介（调节）变量		企业异质性 FA	企业当年被受理的发明专利申请数
调节变量	横向政府参与（HI）	知识产权保护（IP）	区域内当年累积的知识产权侵权纠纷结案数/当年累积的侵权纠纷立案数
		技术交易市场（TM）	区域技术市场成交额/区域 GDP
	纵向政府参与（VI）	科研机构数（GT）	省部级及以上的科研机构的总和
		经费投入（GE）	政府当年对企业的科技项目经费投入总和
控制变量	企业规模 SIZE		企业总资产
	人力资本 HR		R&D 人员/总人数
	营销能力 MC		营业利润/总收入
	行业技术机会 IR		行业研究开发费用/行业销售收入
	市场化程度 MI		《中国分省份市场化指数报告（2016）》

6.3 实证结果与分析

6.3.1 描述性统计

表 6 – 2 显示了变量的均值、最大值、最小值和标准差,展示了样本企业的主要特征。据表可知,样本企业之间的突破式创新绩效与渐进式创新绩效存在明显差异,最大值分别是 15.941 和 17.451,最小值都为 0,且标准差分别为 4.998 和 3.093,初步说明对我国高科技(创新型)企业的差异化创新绩效进行分析的必要性。对于样本企业的技术创新模式组合来说,以"内部技术创新 + 国内合作创新"的技术创新模式组合为主(据表 5 – 1 占比为 74.82%),但企业之间的差异也比较大(S2 的均值为 0.748,标准差为 0.434)。针对企业吸收能力的计量统计发现,其最大值为 8.034,最小值为 0,标准差为 1.625,样本企业之间的吸收能力的差异比较明显。有关横向政府参与的描述统计显示区域之间的差异不明显,而纵向政府参与的省级及以上科研机构的数目和政府的科技项目经费投入则差异明显,标准差分别为 4.89 和 3.30。

另外,在控制变量方面,从企业规模(SIZE)、企业营销能力(MC)和区域市场环境(MI)等角度展示了样本企业的多样性和差异性。如差异最为明显的是企业营销能力,标准差为 117.278。

表 6 – 2 基于政府参与情境下的变量描述性统计

变量	均值	最小值	最大值	标准差
RI	4.243	0	15.941	4.998
II	10.664	0	17.451	3.093
S2	0.748	0	1	0.434
FA	2.509	0	8.034	1.625
IP	0.83	0.52	1.11	0.10
TM	0.02	0	0.15	0.03

续表

变量	均值	最小值	最大值	标准差
GT	3.38	0	78.00	4.89
GE	4.67	0	12.19	3.30
SIZE	2.528	2.059	2.972	0.161
HR	0.038	0	0.491	0.057
MC	105.581	0.364	1205.617	117.278
IR	0.727	0	1	0.446
MI	6.242	0.060	9.180	1.572

6.3.2 相关性检验

表6-3提供了各变量间的相关系数。由表6-3可以看出，除因变量外，其他变量间的相关系数均低于0.5，说明变量间不存在严重的多重共线性问题，可以直接进行回归且估计结果可信。

此外，根据表6-3，也可以发现虽然因变量纵向政府参与的省级及以上的科研机构数（GT）和科技项目经费投入（GE）都分别与企业的两类创新绩效（渐进式，II 和突破式，RI）正相关；横向政府参与的技术交易市场活跃度（TM）与突破式创新绩效正相关而与渐进式创新绩效负相关，知识产权保护程度却与之相反；横向政府参与和纵向政府参与都与企业异质性——吸收能力正相关，但相关系数都较小，小于0.5。因此，保证了调节变量的外生性，选取的调节变量有效，能确保回归结果的可信度。

表6-3 基于政府参与情境下的变量相关系数矩阵

	II	S2	FA	GT	GE	IP	TM	SIZE	HR	MC	IR	MI
RI	0.006	0.008	0.25	0.198	0.116	0.082	0.101	0.037	-0.019	0.119	-0.056	-0.022
II		0.017	0.001	0.069	0.076	0.031	-0.018	0.546	0.006	0.059	-0.161	0.207
S2			-0.068	-0.092	0.133	-0.07	-0.014	0.024	-0.04	-0.049	0.008	0.014
FA				0.452	0.398	0.107	0.443	-0.01	0.132	0.181	0.026	0.012
GT					0.358	0.046	0.35	0.085	-0.013	0.108	-0.043	-0.002

续表

	II	S2	FA	GT	GE	IP	TM	SIZE	HR	MC	IR	MI
GE						0.068	0.275	0.006	0.127	0.042	-0.026	-0.031
IP							0.243	0.005	0.092	0.042	-0.045	-0.008
TM								-0.014	0.156	0.117	0.053	-0.022
SIZE									0.015	0.11	-0.381	0.209
HR										0.008	0.006	-0.055
MC											0.012	0.032
IR												0.093

6.3.3 回归分析

（1）对企业异质性——吸收能力的二次调节效果

基于前文第四章的回归结果，我们发现企业技术创新模式组合与企业两类创新绩效（渐进式，II 和突破式，RI）的关系强度依赖于企业吸收能力的大小。而政府参与是影响企业吸收能力的重要外在情境因素。因此，本章节实证分析了政府参与对企业吸收能力的二次调节效果，如表 6 - 4 所示。

表 6 - 4 政府参与对企业异质性调节机制的调节效果

第一阶段	模型 1	模型 2	模型 3	模型 4
	S2	S2	S2	S2
SIZE	0.106	0.135 *	0.106	0.135 *
	(1.33)	(1.69)	(1.33)	(1.69)
HR	-0.522 **	-0.524 **	-0.522 **	-0.524 **
	(-2.25)	(-2.26)	(-2.25)	(-2.26)
FA	-0.010	-0.009	-0.010	-0.009
	(-1.15)	(-1.13)	(-1.15)	(-1.13)
MC	-0.000 *	-0.000 *	-0.000 *	-0.000 *
	(-1.76)	(-1.80)	(-1.76)	(-1.80)
_CONS	0.517 **	0.445 **	0.517 **	0.445 **
	(2.56)	(2.20)	(2.56)	(2.20)

续表

第二阶段		模型1	模型2	模型3	模型4
		因变量			
		RI	II	RI	II
自变量	S2	0.496*	0.360*	0.285*	0.379*
		(1.85)	(1.88)	(1.95)	(1.91)
调节变量	FA	0.629***	0.103	0.727***	-0.103
		(3.42)	(0.85)	(3.90)	(-0.84)
	TM	7.209	-8.601	-1.419	-3.964
		(0.88)	(-1.59)	(-0.26)	(-1.13)
	IP	-7.384***	1.787	-5.480***	1.057
		(-3.50)	(1.29)	(-3.78)	(1.11)
	GT	0.040	0.003	0.001	-0.027
		(1.25)	(0.16)	(0.03)	(-1.08)
	GE	0.021	0.058*	0.024	0.075
		(0.42)	(1.79)	(0.35)	(1.64)
交叉项	S2 * FA	0.760*	0.461*	0.092	0.065
		(1.89)	(1.82)	(0.32)	(0.34)
	TM * S2 * FA	3.101*	2.004*		
		(1.98)	(1.96)		
	IP * S2 * FA	1.165	0.493		
		(1.17)	(0.75)		
	GT * S2 * FA			0.021***	0.018**
				(2.64)	(2.17)
	GE * S2 * FA			-0.026	-0.011
				(-0.87)	(-0.57)
控制变量	MC	0.004***	0.001	0.004***	0.001*
		(3.23)	(1.62)	(3.18)	(1.68)
	IR	-0.687**	-1.290***	-0.671**	-1.298***
		(-2.23)	(-6.40)	(-2.19)	(-6.44)
	MI	-0.055	0.332***	-0.063	0.328***
		(-0.85)	(7.79)	(-0.96)	(7.70)

续表

第二阶段		模型1	模型2	模型3	模型4
		因变量			
		RI	II	RI	II
常数项	_CONS	9.126***	7.380***	7.442***	8.015***
		(4.61)	(5.68)	(5.05)	(8.30)
样本量	N	1218	1218	1218	1218

注：变量第一行为系数，第二行括号内为t值，＊0.1水平下显著，＊＊0.05水平下显著，＊＊＊0.01水平下显著，下表同。

由表6－4可知，引入政府参与对企业吸收能力的二次调节变量后发现，模型1和模型2中的TM＊S2＊FA的系数显著为正（$\gamma = 3.101$，$P < 0.1$；$\gamma = 2.004$，$P < 0.1$），说明横向政府参与——技术交易市场活跃度可以增强企业吸收能力对企业渐进式创新绩效和突破式创新绩效的正向调节强度，假设12a和假设12b得到支持。在高技术交易市场活跃度的条件下，企业既可以通过技术交易市场获得创新需要的技术知识，提升企业吸收能力，弥补"内部技术创新＋国内合作创新"模式组合的不足，迅速获得创新所需的部分技术或信息知识。也可以通过技术交易获得创新带来的经济收益，提高创新的积极性，但同时也面临激烈的创新竞争。高吸收能力的企业为在市场中获取先机和效益，能快速地将从技术交易市场获取的技术知识与原有的技术知识进行融合，利用"内部技术创新＋国内合作创新"模式组合的优势，进行再创新，形成新的专利和技术知识，满足企业获得良好渐进式创新绩效和突破式创新绩效的技术知识需求，提升企业创新绩效。模型1和模型2中的IP＊S2＊FA的系数都不显著（$\gamma = 1.165$，$P > 0.1$；$\gamma = 0.493$，$P > 0.1$），未通过显著性检验，不支持假设13a和假设13b，原因可能在于强知识产权保护的双重作用，强知识产权保护一方面可以提高企业开展创新活动和增加创新投入的动力（贺贵才、于永达，2011），通过加强与外部机构的创新合作提升企业吸收能力和创新绩效；另一方面，强知识产权保护也可能导致技术、知识成果和创新利润的市场垄断，进而降低企业进一步开展创新的积极性（刘思明等，

2015）[189]，使得企业对原有的技术知识更加信赖（Katila & Ahuja，2002；Subramaniam & Youndt，2005）[154-155]，同时导致企业忽视整合外部创新资源，减少将外部创新资源商业化的机会（VonHippel & Krogh，2006）[190]，不利于企业吸收能力和创新绩效的提升。因此，知识产权保护的双重作用致使其对企业吸收能力的二次调节效果不明显。

模型 3 和模型 4 中的 GT ∗ S2 ∗ FA 的系数都显著为正（$\gamma = 0.021$，$P < 0.01$；$\gamma = 0.018$，$P < 0.05$），假设 14a 和假设 14b 得到验证，即纵向政府参与的省级及以上科研机构的数目增强了企业吸收能力对技术创新模式组合 S2 与企业的两类创新绩效（渐进式，II 和突破式，RI）的正向调节程度。企业拥有的省级及以上科研机构的设立能够为企业带来创新人才、设备的集聚，提升企业的创新能力和创新绩效（陈岩等，2014）[9]；科研机构设立的主要目的是解决国家和区域内经济社会发展过程中遇到的重大科技问题，创新重要基础理论、突破关键技术的制约等（张振刚、陈志明，2013）[183]；企业拥有的科研机构越多，说明企业可利用的创新资源越丰富，其创新能力越强，越能够掌握技术变动的新趋势，能够改革原有的技术或者突破原有的技术轨道，提升吸收能力和创新绩效，更好地发挥吸收能力与技术创新模式组合 S2 匹配的作用。因此，会增强企业吸收能力对技术创新模式组合 S2 与企业的两类创新绩效（渐进式，II 和突破式，RI）的正向调节程度。模型 3 和模型 4 中的 GE ∗ S2 ∗ FA 的系数都未能通过显著性检验，不支持假设 15a 和假设 15b。科技项目经费的投入虽然在一定程度上可以缓解企业创新的融资约束（李左峰、张铭慎，2012）[188]，使企业有能力开展创新合作，提升创新能力和创新绩效，但是由于政府项目经费投入更侧重于风险高、难度大、不易商业化的基础或应用性项目（李左峰、张铭慎，2012）[188]，受限于我国企业相对较低的技术成果转化效率和盈利能力，会对企业的吸收能力的调节作用产生负向影响。因此，政府对企业承担项目的直接经费投入的二次调节效果不显著。

（2）对企业异质性——吸收能力中介机制的调节效果

基于前文第五章的估计结果，我们发现企业异质性——吸收能力对技术创新模式组合与企业创新绩效具有中介机制的作用，政府参与是影响企业吸收能力的重要外在情境因素。表 6 – 5 显示的是政府参与对企业异质性——吸收能力中介机制的调节效果。由第五章知，吸收能力对技术创新模式组合 S2 与企业的两类创新绩效（渐进式，II 和突破式，RI）的中介效应都显著❶。

表 6 – 5　政府参与对企业异质性中介机制的调节效果

第一阶段		模型 5	模型 6	模型 7	模型 8
		S2	S2	S2	S2
SIZE		0.106	0.132 *	0.106	0.133 *
		(1.33)	(1.66)	(1.33)	(1.66)
HR		– 0.522 * *	– 0.526 * *	– 0.522 * *	– 0.525 * *
		(– 2.25)	(– 2.27)	(– 2.25)	(– 2.27)
FA		– 0.010	– 0.009	– 0.010	– 0.009
		(– 1.15)	(– 1.13)	(– 1.15)	(– 1.13)
MC		– 0.000 *	– 0.000 *	– 0.000 *	– 0.000 *
		(– 1.76)	(– 1.79)	(– 1.76)	(– 1.79)
_CONS		0.517 * *	0.451 * *	0.517 * *	0.450 * *
		(2.56)	(2.23)	(2.56)	(2.23)
第二阶段		模型 5	模型 6	模型 7	模型 8
		因变量			
		RI	II	RI	II
自变量	S2	0.107 * *	0.110 *	0.105 * *	0.111 *
		(2.32)	(1.95)	(2.31)	(1.95)
中介变量	FA	1.309	0.572 *	0.715 * * *	0.096 *
		(1.49)	(1.99)	(4.20)	(1.86)
调节变量	TM	– 0.726	7.449	– 0.411	– 2.800
		(– 0.06)	(0.93)	(– 0.08)	(– 0.79)
	IP	– 4.256 *	2.432	– 5.540 * * *	1.076
		(– 1.72)	(1.50)	(– 3.84)	(1.14)
	GT	0.035	0.008	0.164 * *	0.114 * *
		(1.07)	(0.37)	(1.96)	(2.08)
	GE	– 0.018	0.058 *	– 0.086	– 0.010
		(– 0.36)	(1.78)	(– 0.98)	(– 0.17)

---

❶　被调节的中介效应必须首先保证中介效应的存在。

续表

第二阶段		模型5	模型6	模型7	模型8
		因变量			
		RI	II	RI	II
交叉项	TM * FA	0.177 * *	0.467 *		
		(2.06)	(1.91)		
	IP * FA	−0.657	−0.686		
		(−0.63)	(−1.00)		
	GT * FA			0.028 *	0.025 * *
				(1.86)	(2.24)
	GE * FA			0.023	0.023
				(0.79)	(1.22)
控制变量	MC	0.004 * * *	0.001 *	0.004 * * *	0.001 *
		(3.15)	(1.74)	(3.14)	(1.67)
	IR	−0.662 * *	−1.289 * * *	−0.675 * *	−1.304 * * *
		(−2.15)	(−6.39)	(−2.20)	(−6.47)
	MI	−0.058	0.334 * * *	−0.058	0.331 * * *
		(−0.89)	(7.83)	(−0.89)	(7.79)
常数项	_CONS	6.299 * * *	6.442 * * *	7.387 * * *	7.783 * * *
		(2.86)	(4.46)	(5.11)	(8.20)
样本量	N	1218	1218	1218	1218

由表 6−5 可知，模型 5 中的 TM * FA 的系数显著为正（$\gamma = 0.177$，$P < 0.05$），且与 FA 的系数符号保持同方向，说明技术市场活跃度能够增强企业吸收能力与突破式创新绩效的关系强度，即技术市场活跃度能够增强企业吸收能力对技术创新模式组合 S2 与突破式创新绩效的中介效应，支持假设 12b；模型 6 中的 TM * FA 的系数显著为正（$\gamma = 0.467$，$P < 0.1$），与 FA 的系数符号保持同方向，说明技术市场活跃度能够增强企业吸收能力与渐进式创新绩效的关系强度，即技术市场活跃度能够增强企业吸收能力对技术创新模式组合 S2 与渐进式创新绩效的中介效应，支持假设 12a。活跃的技术交易市场可以促进技术知识等的转移与传播（高英红，2008）[173]，使得区域内的企业更快地获得创新所需的技术知识并掌握技术的发展趋势，提高企业创新的可能性；另

外，企业也可以通过技术交易市场获得经济收益，提高企业技术创新的积极性，有效地利用自身资源，发挥自身优势，提升创新能力和吸收能力，以满足企业同时进行内部技术创新和国内合作创新所需的吸收能力的要求，使技术创新模式组合 S2 通过企业吸收能力更好地影响创新绩效。即横向政府参与——技术交易市场活跃度可以增强企业吸收能力对技术创新模式组合 S2 与企业渐进式创新绩效和突破式创新绩效的中介效应。模型 5 中的 IP * FA 的系数未通过显著性检验，虽然强知识产权保护可以提高企业创新投入的动力（贺贵才、于永达，2011）[191]，提升企业吸收能力，但也可能导致知识成果和创新利润的市场垄断，降低企业创新的积极性（刘思明等，2015），使得企业对原有的技术知识更加信赖（Katila & Ahuja，2002；Subramaniam & Youndt，2005）[154－155]，同时也会增加其他企业寻求外部技术知识的成本，不利于企业吸收能力的提高。此时不显著的回归结果正是对这一两面结果的证明，因此，知识产权保护对企业吸收能力的调节效果不明显，假设 13a、13b 未得到支持。

模型 7 和模型 8 的纵向政府参与的省级及以上科研机构的数目对企业异质性——吸收能力具有显著的正向调节效应（GT * FA 的系数分别是 $\gamma = 0.028$ ，$P < 0.1$ ；$\gamma = 0.025$ ，$P < 0.05$ ），说明省级及以上科研机构可以通过增强企业吸收能力提升创新绩效，假设 14a 和假设 14b 得到支持。企业拥有的省级及以上科研机构的设立能够为企业带来创新人才、科研设备的集聚，提升企业的创新能力和创新绩效（陈岩等，2014）；企业拥有的科研机构愈多，企业创新能力越强，越能够掌握技术变动的新趋势，能够改革原有的技术或者突破原有的技术轨道，提升企业吸收能力和创新绩效；省级及以上的科研机构为解决国家和区域内经济社会发展面临的重大科技问题提供支持，更关注于关键技术突破或集成（张振刚、陈志明，2013）[183]，能更好地发挥出"内部技术创新 + 国内合作创新"的作用。因此，可以增强企业吸收能力对技术创新模式组合 S2 与企业的两类创新绩效（渐进式，II 和突破式，RI）的中介效应。模型 7 和模型 8 的 GE * FA 的系数虽然为正但是都不显著（$\gamma = 0.023$ ，$P > 0.1$ ；$\gamma = 0.023$ ，$P > 0.1$ ），说明政府的科技项目经费投入对企业吸收能力的调节效应不显著，不支持假设 15a 和假设 15b。科技项目经费的投入虽然在一定程度上可以缓解企业创新的融资约束，提升创新能力，但是过多的项目经费投入会产生资金冗余，对企业创新产生抑制影响。

6.3.4 稳健性检验

为保证上述回归结果的稳定，本部分主要采取了四种方法，一是对波动较大的变量（企业规模、创新绩效、吸收能力、政府项目经费投入）取自然对数，以减少数据的波动，保证回归结果的稳定性（Keller，2004）[157]；二是为保证因果关系的方向性，本文将方程右边的变量滞后（Granger，1980）[158]；三是选用 2SLS 方法回归，控制技术创新模式组合的内生性问题；四是以内部技术创新模式（IRD）和国内合作创新模式（CRD）的交叉项作为技术创新模式组合 S2 的替代变量，考察表 6-4 至表 6-5 的回归结果的稳定性，即以 CIRD 表示 IRD * CRD 替代 S2 组合，结果如表 6-6 至表 6-7 所示❶，表中结果基本与表 6-4 和表 6-5 的回归结果保持一致。因此，关于政府参与对企业异质性"双重机制"的调节结果具有稳定性和可信性。

表 6-6　关于政府参与对企业异质性的二次调节的稳定性检验

因变量		RI	II	RI	II
交叉项	TM * S2 * FA	1.891 *	1.013 *		
		(1.96)	(1.89)		
	IP * S2 * FA	0.016	0.394		
		(0.89)	(0.55)		
	GT * S2 * FA			0.012 *	0.009 * *
				(1.98)	(2.01)
	GE * S2 * FA			-0.126	-0.001
				(-1.27)	(-0.37)
样本量	N	1218	1218	1218	1218

---

❶ 表格中只呈现主要变量，如需详细的回归结果可向笔者索要。

表6-7　关于政府参与对企业异质性中介机制的调节效果的稳定性检验

因变量		RI	II	RI	II
交叉项	TM * FA	0.165 * *	0.321 *		
		(1.99)	(1.89)		
	IP * FA	-0.345	-0.369		
		(-0.41)	(-0.99)		
	GT * FA			0.005	0.016 * *
				(1.64)	(1.97)
	GE * FA			0.003	0.132
				(0.34)	(1.64)
样本量	N	1218	1218	1218	1218

6.4　本章小结

本章以2008—2011年中国高科技（创新型）企业为研究样本，利用Stata12.0计量软件，运用两阶段回归（2SLS）方法实证考察了横向政府参与和纵向政府参与对企业异质性——吸收能力"双重角色"的调节效果。

政府参与是影响企业吸收能力的重要外在情境因素，而企业吸收能力既是影响多元技术创新模式组合与企业创新绩效的重要调节变量，也是重要的中介变量。为考察政府参与对吸收能力的二次调节效果和被调节的中介效应，本章节进行了分别回归。本章的假设验证结果如表6-8所示。

表6-8　基于政府参与情境下的假设验证结果

编号	假设内容	预期	结果
H12	技术交易市场活跃度增强吸收能力对创新绩效的影响强度	+	√
H12a	交易市场活跃度增强吸收能力对渐进式创新绩效的影响强度	+	√
H12b	交易市场活跃度增强吸收能力对突破式创新绩效的影响强度	+	√
H13	知识产权保护增强吸收能力对创新绩效的影响强度	+	×
H13a	知识产权保护增强吸收能力对渐进式创新绩效的影响强度	+	×
H13b	知识产权保护增强吸收能力对突破式创新绩效的影响强度	+	×

编号	假设内容	预期	结果
H14	设立的省级及以上的创新研发机构数目可以增强吸收能力对创新绩效的影响强度	+	√
H14a	设立的省级及以上创新研发机构数目可以增强吸收能力对渐进式创新绩效的影响强度	+	√
H14b	设立的省级及以上创新研发机构数目可以增强吸收能力对突破式创新绩效的影响强度	+	√
H15	政府科技经费投入可以增强吸收能力对创新绩效的影响强度	+	×
H15a	政府科技经费投入可以增强吸收能力对渐进式创新绩效的影响强度	+	×
H15b	政府科技经费投入可以增强吸收能力对突破式创新绩效的影响强度	+	×

有关政府参与对吸收能力二次调节效果的研究结论主要有：

①横向政府参与——技术交易市场活跃度可以增强企业异质性——吸收能力对企业渐进式创新绩效和突破式创新绩效的正向调节强度；而知识产权保护对企业吸收能力的二次调节效应不明显。

②纵向政府参与——省级及以上科研机构的数目增强了企业异质性——吸收能力对技术创新模式组合 S2 与企业两类创新绩效（渐进式，II 和突破式，RI）的正向调节程度；而政府项目经费投入对企业吸收能力的二次调节效应不显著。

有关政府参与对吸收能力中介效应的调节效果的研究结论主要有：

①横向政府参与——技术市场活跃度能够增强企业异质性——吸收能力对技术创新模式组合 S2 与突破式创新绩效的中介效应；而知识产权保护对企业吸收能力的作用效果不明显。

②纵向政府参与——省级及以上科研机构的数目增强企业异质性——吸收能力对创新绩效的中介效应，而科技项目经费投入的调节效应不显著。

第七章　结论与展望

在当前竞争日益激烈的市场环境中，企业很难仅依赖于自身有限的资源和能力来满足技术创新所需的技术综合化和复杂化的要求，开始寻求通过多种方式和途径（国内合作创新和创新国际化等）加强与外部机构组织的创新合作。因此在实践中，企业选择的技术创新模式日趋组合化、多元化，并且企业选取的技术创新模式组合，即企业同时选取的不同技术创新模式之间存在着互补或替代的关系，这一关系会对企业的创新绩效产生影响。企业吸收能力是影响创新绩效的重要内在因素，在创新活动中扮演着"双重角色"：作为已有能力存量，可利用的企业吸收能力决定着企业对技术创新模式的选择（吴晓波、陈颖，2010）[25]，企业应该根据自身的吸收能力选择恰当的技术创新模式组合，选择与吸收能力相匹配的技术创新模式组合是企业获取最优创新绩效的关键；而作为动态能力，它又可以凭借企业在内外部开展创新活动所产生的新知识得以提高，进而对创新绩效产生影响（付敬、朱桂龙，2014）[12]。政府参与作为影响企业技术创新活动的重要外在情境因素，会对企业创新活动的效果产生重要影响（Port，1990）[169]。

因此，本研究以2008—2011年中国创新型（高科技）企业为样本，基于企业异质性的视角，考察了技术创新模式组合、政府参与与企业差异化创新绩效的关系。以企业技术创新模式组合与企业差异化创新绩效为主线，着眼于企业异质性——吸收能力的"双重角色"，通过引入企业所面临的两个方向上的政府参与因素，考察两个方向上的政府参与对企业异质性（吸收能力）"双重角色"的调节机制。

7.1　研究结论

（1）技术创新模式或组合与差异化创新绩效的直接影响

第一，单一技术创新模式（企业内部技术创新模式、国内合作创新与创新国际化）与企业创新绩效，无论是与突破式创新绩效还是渐进式创新绩效都存在着正相关的关系，而且相较之下，内部技术创新起到的作用最大；

第二，多元技术创新模式的不同组合与企业创新绩效之间存在着差异化的关系，发现仅有内部技术创新模式的 S1 组合与企业的渐进式创新绩效正相关，而与突破式创新绩效的关系则是不显著的；"内部技术创新 + 国内合作创新"的 S2 组合对突破式创新绩效和渐进式创新绩效都是显著正向的，且对渐进式创新绩效的影响更大；"内部技术创新 + 创新国际化"的 S3 组合对突破式创新绩效和渐进式创新绩效都是显著正向的，且对突破式创新绩效的作用程度更大；"内部技术创新 + 国内合作创新 + 创新国际化"的 S4 组合对突破式创新绩效是显著正向的，而对渐进式创新绩效不显著。

第三，为检验企业多元技术创新模式之间的关系，本书将外部技术创新模式进一步划分国内合作创新和创新国际化，发现企业内部技术创新模式与国内创新合作的互补性在企业渐进式创新上更明显，而企业内部技术创新模式与创新国际化的互补性在突破式创新绩效中更显著。而针对企业外部技术创新模式之间关系的研究发现，二者之间存在着替代性，这一关系在突破式创新绩效中更显著。

（2）企业异质性——吸收能力的调节影响

企业吸收能力是影响多元技术创新模式组合与企业创新绩效的重要内在情境因素。有关吸收能力调节效果的研究结论主要有：

第一，企业吸收能力负向调节技术创新模式组合 S1 与突破式创新绩效的关系，正向调节技术创新模式组合 S1 与渐进式创新绩效的关系；

第二，企业吸收能力可以增强 S2 对突破式创新绩效的正向影响程度，并且发现，吸收能力对突破式创新绩效的正向影响程度要大于对渐进式创新绩效的影响；

第三，无论是对渐进式创新绩效还是突破式创新绩效，吸收能力都增强了模式组合 S3 分别与企业两类创新绩效（渐进式，II 和突破式，RI）的关系强度，且对组合 S3 与突破式创新绩效的调节程度大于对渐进式创新绩效的关系强度；

第四，吸收能力对技术创新模式组合 S4 与渐进式创新绩效的调节作用是显著正向的，而对组合 S4 与突破式创新绩效的调节作用不显著。

（3）企业异质性——吸收能力的中介影响

企业吸收能力是影响多元技术创新模式组合与企业创新绩效的重要中间机制。有关吸收能力中介机制的研究结论主要有：

第一，技术创新模式组合 S1 通过影响企业吸收能力而对渐进式创新绩效产生影响，但对企业突破式创新绩效的中介机制未得到证实；

第二，技术创新模式组合 S2 和 S3 都能通过影响企业吸收能力进而影响企业的两类创新绩效（渐进式，II 和突破式，RI），即企业吸收能力在技术创新模式组合 S2 和 S3 分别与企业渐进式创新绩效和突破式创新的关系中扮演着中介的角色；

第三，技术创新模式组合 S4 对企业突破式创新绩效的部分影响要通过提升企业吸收能力产生，而技术创新模式组合 S4 对企业渐进式创新绩效的影响不显著，未满足存在中介效应的条件。

（4）政府参与的调节影响

政府参与是影响企业吸收能力的重要外在情境因素。而企业吸收能力既是影响多元技术创新模式组合与企业创新绩效的重要调节变量，也是重要的中介变量。主要涉及政府参与对吸收能力的二次调节效果和被调节的中介效应。

有关政府参与对吸收能力二次调节效果的研究结论主要有：

第一，横向政府参与——技术交易市场活跃度可以增强企业吸收能力对企业渐进式创新绩效和突破式创新绩效的正向调节强度；而知识产权保护对企业吸收能力的二次调节效果不明显。

第二，纵向政府参与——省级及以上科研机构的数目增强了企业吸收能力对技术创新模式组合 S2 与企业两类创新绩效（渐进式，II 和突破式，RI）的正向调节程度；而政府项目经费投入对企业吸收能力的二次调节效果不显著。

有关政府参与对吸收能力中介效应的调节效果的研究结论主要有：

第一，横向政府参与——技术市场活跃度能够增强企业吸收能力对技术创新模式组合 S2 与突破式创新绩效的中介效应；而知识产权保护对企业吸收能力的效果不明显。

第二，纵向政府参与——省级及以上科研机构的数目增强企业吸收能力对创新绩效的中介效应；而科技项目经费投入的调节效应不显著。

7.2 研究启示

技术创新模式或组合是影响企业创新绩效的重要因素。虽然任一单一技术创新模式与企业突破式创新绩效和渐进式创新绩效都存在着正向关系，但仅依靠一种技术创新模式并不能为企业带来最优创新绩效。在开放式创新和国际化的背景下，仅仅依靠内部技术创新模式来提升创新绩效是行不通的，尤其是对那些要获得突破式创新绩效的企业来说，更需要以开放的姿态积极融入全球创新网络，整合利用国内外的创新资源，选择多元化的技术创新模式组合。技术创新模式组合成为影响企业创新绩效的重要因素。企业在选择组合技术创新模式时需结合自身的特点，因为技术创新模式组合要发挥有效的作用还要与企业吸收能力相匹配，即技术创新模式组合与企业创新绩效的关系受企业吸收能力的影响，且不同创新绩效之间出现明显差异；同时，技术创新模式组合也会通过提升企业吸收能力从而影响创新绩效。

对企业来说，在开放式创新和国际化的背景下，企业在加强自身内部技术创新能力的同时要积极开展与国内外企业等机构组织的创新合作，组合多元技术创新模式。具体来说，既要坚持依靠内部技术创新的模式增强能力，也要多元化地拓展企业外部合作创新的技术创新模式，以整合利用全球的创新资源，最终改善企业的创新绩效。

第一，企业应根据自身追求的创新绩效类型——渐进式创新还是突破式创新，选择合适的多元技术创新模式。若企业追求突破式创新绩效，则可以优先选择含有创新国际化的技术创新模式组合，如"内部技术创新＋创新国际化"的技术创新模式组合，或者"内部技术创新模式＋国内合作创新＋创新国际化"的技术创新模式组合，注重与国内外机构的创新合作，吸取利用合作伙伴的技术知识等创新资源。而追求渐进式创新绩效的企业既可以优先选择"内部技术创新＋国内合作创新"的技术创新模式组合，或者"内部技术创新＋创新国际化"构成的技术创新模式组合，通过多元技术创新模式的组合提高获得最优创新绩效的可能性；也可以依靠企业自身仅有的内部技术创新模式提升。

第二，企业异质性——吸收能力在多元技术创新模式组合与创新绩效的关系中既扮演着调节机制的作用，也扮演着中介变量的角色，且与创新绩效正相关。因此，企业要获取良好的创新绩效，首先应该注意增强自身的吸收能力，尤其是对追求突破式创新绩效的企业来说，要更加注重自身吸收能力的培养和提升，因为吸收能力对突破式创新绩效的影响程度远远超过对渐进式创新绩效的影响。但是对追求渐进式创新绩效的企业来说，要注意防范由于自身吸收能力过高而陷入"能力陷阱"的困境，随时掌握住原有技术领域的技术变化，及时更新技术知识储备。

第三，在组合技术创新模式时，既要注意内外部技术创新模式之间的关系，也要考虑外部合作创新模式之间的关系。研究发现，企业选择的外部技术创新模式——国内创新合作和创新国际化之间存在着一定的替代关系，这一关系在突破式创新绩效中的表现更突出，可能是受限于企业能力，即对追求突破式创新绩效的企业来说，如果企业同时开展国内合作创新和创新国际化，则需要企业具备更高的创新能力，以应对合作创新过程中出现的问题。

企业要获得最优创新绩做，需要将技术创新模式组合、吸收能力与企业创新绩效类型结合在一起，根据实际情况作出判断。具体来说，若企业吸收能力较低且追求渐进式创新绩效，则企业可以选择内部技术创新模式；若吸收能力较高则可以直接选择含有创新国际化模式的组合；若企业吸收能力较低且以获得最优突破式创新效果为追求目的时，则可以先通过选择国内创新合作初步提升创新能力，在改善吸收能力之后再拓展企业创新网络的地理边界，开展跨国家的创新合作；若在企业吸收能力较高时，则企业可以直接拓展创新网络的边界，寻求创新国际化以提升创新绩效。

对政府来说，为获得最优创新绩效，既要为企业开展内部技术创新的积极性以提升自身能力提供支持，也要鼓励企业积极开展创新合作，但需注意"因企而异"：尤其鼓励支持那些有能力的、注重突破式创新的企业积极融入全球创新网络，开展创新国际化活动，整合利用国内外的创新资源以促使企业获得更好、更优的创新效果；鼓励支持那些注重渐进式创新的企业加强国内的创新合作，推动我国创新驱动战略的实施。

另外，在实施创新驱动发展战略的背景下，适度地政府参与有利于营造良好的外部创新环境，有助于发挥政府"有形之手"的作用，以牵动市场的"无形之手"共同促进创新，提高企业创新的动力和能力，促进创新驱动发展。作为创新驱动的主导力量，政府要注意参与企业创新的方式。在横向上，政府要为企业塑造良好的宏观创新环境，提高区域知识产权保护水平和技术交易市场活跃度，为企业开展创新活动提供基础性的制度保障，激发企业创新的动力和热情；但是在知识产权保护方面，政府要注意最优知识产权保护水平或阈值的存在。在纵向上，需"因企而异"，为鼓励企业创新，政府要有选择地对某些企业进行特定的创新支持，相较于直接的项目经费投入，政府应加大在企业内设置技术创新的科研机构，为企业提供比较全面的、形式多样的创新资源配置和投入，而不是仅仅提高研究经费的投入。

7.3　研究局限及展望

本研究揭示了技术创新模式组合、企业异质性（吸收能力）、政府参与及企业差异化创新绩效之间的作用机制，对推进我国企业的创新发展具有重要意义。但研究也存在一些不足，这也许能成为未来的研究方向。

（1）样本选择方面

本书选取的是中国创新型（高科技）企业数据库，研究样本仅局限于创新型（高科技）企业，而对一般非高科技企业的关注不足。大量研究证实，在成熟的非高科技企业也注重产品创新（Narver & Slater, 1990；薛镭等，2011）[192,193]，究竟这些企业的技术创新模式（组合）与企业差异化创新的关系怎样，是与本研究的结论保持一致还是呈现特有的关系？对这些问题本研究尚不能够回答。因此，未来选择非高科技企业作为研究对象将具有重要的研究价值。

（2）变量测度方面

鉴于数据的可得性，本书对企业技术创新模式选择的测量主要采取的是虚拟变量，未进一步准确地衡量对不同技术创新模式的投入强度的差异。技术创新模式投入强度的差异也可能是影响企业差异化创新绩效的重要原因。考虑投入强度的差异化之后，研究结论是否与本研究保持一致，尚待考量。另外，对吸收能力的测度，吸收能力的形成和发展不仅仅与企业自身因素相联系，也无法摆脱外部环境要素的影响，其内涵是多层面、多维度的。本研究考察了企业自身因素和外在的环境因素对企业吸收能力的影响，但未进一步打开企业吸收能力的内涵，如机会识别能力和机会利用能力等。细致划分将更有助于揭示吸收能力在技术创新模式（组合）与企业差异化创新绩效的之间的作用机理。未来研究可以基于问卷调查的方法获得这一数据，再与二手数据相结合，开展相关研究。

（3）研究视角方面

本书基于企业异质性的视角，结合创新网络地理边界的拓展探讨了企业内并存的多元技术创新模式与企业差异化创新绩效的关系，未考察企业所有制类型、创新地理边界拓展的区域特质。根据已有研究，发现企业所有制类型也是影响企业创新活动的重要因素（吴延兵[2]，2012）[194]，国有企业和民营企业的创新动力和创新资源存在显著差异。企业创新国际化的目的国选择以及东道国特征也会对企业差异化创新绩效产生影响。未来研究可以基于企业所有制类型、创新合作伙伴的特质、创新国际化目的国或东道国情境等视角进一步研究技术创新模式组合对企业创新绩效的影响。

参考文献

［1］戴翔，金碚．服务贸易进口技术含量与中国工业经济发展方式转变［J］．管理世界，2013（9）：21-31.

［2］赵彦云，刘思明．中国专利对经济增长方式影响的实证研究：1988—2008年［J］．数量经济技术经济研究，2011（4）：34-48.

［3］罗文．工业新常态呈现四大特征［J］．中国科技投资，2015（4）：60-66.

［4］周黎安．中国地方官员的晋升锦标赛模式研究［J］．经济研究，2007（7）：36-50.

［5］高帆．中国长期经济发展的限制性条件［J］．中国国情国力，2008（4）：13-15.

［6］刘刚．中国经济发展中的"涌现"现象及其发展模式的形成和演化［J］．经济学家，2011（1）：23-30.

［7］Mokyr J. The Lever of Riches：Technological Creativity and Economic Progress［M］. New York：Oxford University Press，1990.

［8］李春涛，宋敏．中国制造业企业的创新活动：所有制和CEO激励的作用［J］．经济研究，2010（5）：135-137.

［9］陈岩，翟瑞瑞，张斌．科技资源配置、协同效应与企业创新绩效［J］．财经论丛，2014（3）：68-76.

［10］胡小江．政府参与共性技术研发必要性的理论分析［J］．今日科技，2004（11）：24-25.

［11］徐晨，吕萍．创新国际化行为对创新绩效的影响研究［J］．管理评论，2013（9）：40-50.

［12］付敬，朱桂龙．知识源化战略吸收能力对企业创新绩效产出的影响研究［J］．科研管理，2014（3）：25-34.

［13］Deng Z，Lev B，Narin F. Science and technology as predictors of stock performance［J］.

Financial Analysts Journal，1999（55）：20 – 32.

[14] Hall B H, Jaffe A B, Trajtenberg M. Market value and patent citations ［J］. Rand Journal of Economics, 2005（36）：16 – 38.

[15] Sampson R C. R&D alliances and firm performance：the impact of technological diversity and alliance organization on innovation ［J］. Academy of Management Journal, 2007, 50（2）：364 – 386.

[16] Gambardella A, Harhoff D, Verspagen B. The value of European patents ［J］. European Management Review, 2008（5）：69 – 84.

[17] Belenzon S. Cumulative innovation and market value：evidence from patent citations ［J］. Economic Journal, 2012,（122）：265 – 285.

[18] Belenzon S, Patacconi A. Innovation and firm value：An investigation of the changing role of patents, 1985 – 2007 ［J］. Research Policy, 2013（42）：1496 – 1510.

[19] Love J H, Roper S. R&D, technology transfer and networking effects on innovation intensity ［J］. Review of Industrial Organization, 1999 15（1）：43 – 64.

[20] Cassiman B, Veugelers R. R&D cooperation and spillovers：some empirical evidence from Belgian ［J］. American Economics Review, 2002, 92（4）：1169 – 1184.

[21] 樊霞，何悦，朱桂龙. 产学研合作与企业内部研发的互补性关系研究基于广东省部产学研合作的实证 ［J］. 科学学研究，2011（5）：763 – 770.

[22] 原毅军，于长宏. 产学研合作与企业内部研发：互补还是替代？——关于企业技术能力门限效应的分析 ［J］. 科学学研究，2012（12）：1863 – 1870.

[23] 陈钰芬，叶伟巍. 企业内部 R&D 和外部知识搜寻的交互关系——STI 和 DUI 产业的创新战略分析 ［J］. 科学学研究，2013, 31（2）：266 – 275.

[24] Cohen W M, Levinthal D A. Absorptive Capacity：a new perspective on learning and innovation ［J］. Administrative Science Quarterly, 1990, 35（1）：128 – 152.

[25] 吴晓波，陈颖. 基于吸收能力的研发模式选择的实证研究 ［J］. 科研管理，2010（11）：1722 – 1730.

[26] Schmiedeberg C. Complementarities of innovation activities：an empirical analysis of the German manufacturing sector ［J］. Research Policy, 2008（37）：1492 – 1503.

[27] Hagedoorn J, Wang N. Is there complementarity or substitutability between internal and external R&D strategies ［J］. Research Policy, doi：10. 1016/j. respol. 2012 – 02 – 012.

［28］陈劲，吴波. 开放式创新下企业开放度与外部关键资源获取［J］. 科研管理，2012，33（9）：10 – 21.

［29］Teece D J, G Pisano, A Shuen, Dynamic capabilities and strategic management［J］. Strategic Management Journal, 1997, 18（7）：509 – 533.

［30］柳晓静，郑逢波. 云南企业研发组织模式实证研究［J］. 环球市场信息导报，2012，（47）：23 – 23.

［31］Steensma H K, Corley K G. Organizational context as a moderator of theories on firm boundaries for technology sourcing［J］. Academy of Management Journal, 2001, 44（2）：271 – 291.

［32］K. Nakamura, H. Odagiri. R&D boundaries of the firm：An estimation of the double – hurdle model on commissioned R&D, joint R&D, and licensing in Japan［J］. Economics of Innovation & New Technology, 2005, 14（7）：583 – 615.

［33］Claudio A P, Vivarelli M. Internal and external R&D：A sample selection approach［J］. Oxford Bulletin of Economics and statistics, 2004, 4（66）：457 – 482.

［34］Love J H, Roper S. Internal versus external R&D：A study of R&D choice with sample selection［J］. International Journal of the Economics of Business, 2002, 2（9）：239 – 255.

［35］Veuglelers R, Cassiman B. Make and buy in innovation strategies：evidence from Belgian manufacturing firms［J］. Research Policy, 1999（28）：63 – 80.

［36］陈劲，陈钰芬. 企业技术创新绩效评价指标体系研究［J］. 科学学与科学技术管理，2006（3）：86 – 91.

［37］Rosenberg N. Inside the black box：Technology and economis［M］. Cambridge：Cambridge University Press, 1982.

［38］Montalvo C. What triggers change and innovation?［J］. Technovation, 2006, 26（3），312 – 323.

［39］Balachandra R, Friar J H. Factors for success in R&D projects and new product innovation：A contextual framework［J］. IEEE Transactions on Engineering Management, 1997, 44（3）：276 – 287.

［40］郭爱芳. 企业 STI/DUI 学习与技术创新绩效关系研究［D］. 杭州：浙江大学，2010.

［41］Hagedoorn J, Cloodt M. Measuring innovative performance：is there an advantage in using multiple indicators?［J］. Research Policy, 2003（8）：1365 – 1379.

［42］吴延兵. 国有企业双重效率损失研究［J］. 经济研究，2012（3）：15 – 27.

［43］Solow R. M. Perspectives on growth theory ［J］. Journal of Economic Perspectives，1994，8 （1）：45 –54.

［44］宋磊，朱天飚，发展与战略政府、企业和社会之间的互动 ［M］. 北京：北京大学出版社，2013.

［45］杨瑞龙，刘刚. 企业的异质性假设和企业竞争优势的内生性分析 ［J］. 中国工业经济，2002 （1）：88 –95.

［46］刘刚. 企业的异质性假设——对企业本质和行为基础的演化论解释 ［J］. 中国社会科学，2002 （2）：56 –68.

［47］Nelson R R. The role of knowledge in R&D efficiency ［J］. Quarterly Journal of Economics，1982，97 （97）：453 –470.

［48］Silverberg G，Orsenigo L. Innovation，diversity and diffusion：A self – organisation model. ［J］. Economic Journal，1988，98 （393）：1032 –1054.

［49］Veugelers R. Internal R&D expenditures and external technology sourcing ［J］. Research Policy，1997，26 （3）：303 –315.

［50］Kim L. Crisis construction and organizational learning：capability building in catching – up at Hyundai motor ［J］. Organization Science，1998，9 （4）：506 –521.

［51］Shenkar O，Li J. Knowledge search in international cooperative ventures. organization science ［J］. Journal of the Institute of Management Sciences，1999，10 （2）：134 –144.

［52］Lane P，Koka B，Pathak S. A matic analysis a critical assessment of absorptive capacity research ［J］. Academy of Management Proceedings，2002 （4）：335 –350.

［53］Kodama T. The role of intermediation and absorptive capacity in facilitating university – industry linkages—An empirical study of TAMA in Japan ［J］. Research Policy，2008，37 （8）：1224 –1240.

［54］刘亚军. 企业智力资本、吸收能力及创新文化对技术创新绩效的影响 ［D］. 天津：天津大学，2010.

［55］马瑞超，张鹏. 外资异质、吸收能力与创新绩效 ［J］. 当代财经，2013 （2）：98 –107.

［56］Amit R，Schoemaker P J H. Strategic assets and organizational rent ［J］. Strategic Management Journal，1993 （14）：33 –46.

［57］Rallet A，Torre A. Is geographical proximity necessary in the innovation networks in the era of global economy? ［J］. GeoJournal，1999，49 （4）：373 –380.

［58］Nicholas T. Spatial diversity in invention: Evidence from the early R&D labs ［J］. Journal of Economic Geography, 2009, 9 (1): 1 – 31.

［59］梅姝娥. 技术创新模式选择问题研究 ［J］. 东南大学学报（哲学社会科学版），2008, 10 (3): 20 – 24.

［60］李玲，陶锋. 基于双研发模式的合作创新影响因素研究 ［J］. 科技进步与对策，2012, 29 (8): 1 – 4.

［61］Daniele A, Simona I. The policy implications of the globalization of innovation ［J］. Research Policy, 1999, 28 (2 – 3): 317 – 336.

［62］汪碧瀛. 高新技术企业技术创新模式选择模型 ［J］. 西安电子科技大学学报（社会科学版），2005, 15 (1): 94 – 97.

［63］曹素璋，张红宇. 企业技术能力与技术创新模式梯度选择研究 ［J］. 贵州科学，2007, 25 (b05): 349 – 353.

［64］陈锟，于建原. 营销能力对企业创新影响的正负效应——兼及对"Christensen 悖论"的实证与解释 ［J］. 管理科学学报，2009 (2): 126 – 141.

［65］毕克新，陈大龙，王莉静. 制造业企业自主创新与知识管理互动过程研究 ［J］. 情报杂志，2011, 30 (1): 125 – 129.

［66］朱桂龙，周全. 企业技术创新战略选择机理与模式研究 ［J］. 科技管理研究，2006 (03): 51 – 53.

［67］唐春晖，唐要家. 企业技术能力与技术创新模式分析 ［J］. 辽宁大学学报：哲学社会科学版，2006, 34 (1): 121 – 125.

［68］Cassiman B, Veugelers R. In search of complementarity in innovation strategy: internal R&D and external knowledge acquisition ［J］. Management Science, 2006, 52 (1): 68 – 82.

［69］陈玉梅，秦江萍. 试论企业技术创新模式的选择 ［J］. 现代管理科学，2007 (7): 12 – 14.

［70］Belderbos R A, Lokshin B, Carree M A. R&D cooperation and firm performance ［J］. Research Policy, 2004 (33): 1477 – 1492.

［71］Veugelers R, Cassiman B. Make and buy in innovation strategies: evidence from Belgian manufacturing firms ［J］. Research Policy, 1999, 28 (1): 63 – 80.

［72］Mcdermott C M, O'Connor G C. Managing radical innovation: an overview of emergent strategy issues ［J］. Journal of Product Innovation Management, 2002, 19 (6): 424 – 438.

［73］ 张洪石，陈劲. 突破性创新的组织模式研究［J］. 科学学研究，2005，23（4）：566－571.

［74］ Koberg C S, Detienne D R, Heppard K A. An empirical test of environmental, organizational, and process factors affecting incremental and radical innovation［J］. Journal of High Technology Management Research, 2003, 14（1）：21－45.

［75］ 陈海声，蒋颖丽，杨丽萍. 影响企业研发投资方式选择多样化的诸因素初探［J］. 现代财经：天津财经大学学报，2009，（7）：26－31.

［76］ Hurmelinna - Laukkanen P, Sainio L M, Jauhiainen T. Appropriability regime for radical and incremental innovations［J］. R&D Management, 2008, 38（3）：278－289.

［77］ Jirjah U, Kraft K. Do spillovers stimulate incremental or drastic product innovations? Hypotheses and evidences of scope from German establishment data［J］. ZEW Discussion Paper no. 06－023, 2006.

［78］ 李栋华，顾晓敏，任爱莲. 知识来源与企业创新：基于 DEA 的研究［J］. 科研管理，2010，31（2）：42－49.

［79］ Arora A, Gambardella A. Complementarity and external linkages: the strategies of the large firms in biotechnology［J］. The Journal of Industrial Economics, 1990, 38（4）：361－370.

［80］ Love J, Roper S. Location and network effects on innovation success: evidence for UK, German and Irish manufacturing［J］. Cambridge Journal of Economics. , 2001, 28（3）：379－395.

［81］ Colombo M G, Mosconi R. Complementarity and cumulative learning effects in early diffusion of multiple technologies［J］. Journal of Industrial Economics, 1995, 43（1）：13－48.

［82］ Irwin D A, Klenow P J. High - tech R&D subsidies: estimating the effects of sematech［J］. Journal of Economics, 1996, 40（3）：323－344.

［83］ Penner H J, Shaver J. M. Does International research and development increase patent output? An analysis of Japanese pharmaceutical firms［J］. Strategic Management Journal, 2005, 26（1）：121－140.

［84］ Barney J. Firm resources and sustained competitive advantage［J］. Journal of Management, 1991（17）：99－120.

［85］ Wernerfelt B. The resource - based view of the firm - 10 years after［J］. Strategic Management Journal, 1995, 16（3）：171－174.

[86] Barney J, Wright M, Ketchen D J. The resource – based view of the firm: Ten years after 1991 [J]. Journal of Management, 2001, 27 (6): 625 – 641.

[87] CK Prahalad, G Hamel. The core competence of the organization [J]. Harvard Business Review, 1990 (68): 79 – 91.

[88] Peteraf M A. The cornerstones of competitive advantage: A resource – based view [J]. Strategic Management Journal, 1993, 14 (3): 179 – 191.

[89] Conner K R, Prahalad C K. A resource – based theory of the firm: Knowledge versus opportunism [J]. Organization Science, 1996, 7 (4): 477 – 501.

[90] Dyer H C. Moral Order/World Order: The Role of Normative Theory in the Study of International Relations [M]. London: Palgrave Macmillan, 1997.

[91] Gulati R. Network location and learning: the influence of network resources and firm capabilities on alliance formation [J]. Strategic Management Journal, 1999, 20 (5): 397 – 420.

[92] Hall B H, Jaffe A B, Trajtenberg M. Market value and patent citations [J]. Rand Journal of Economics, 2005, (36): 16 – 38.

[93] Yamakawa Y, Yang H, Lin Z. Exploration versus exploitation in alliance portfolio: Performance implications of organizational, strategic, and environmental fit [J]. Research Policy. 2011, 40 (2): 287 – 296.

[94] Hewitt – Dundas N. Resource and capability constraints to innovation in small and large plants [J]. Small Business Economics, 2006, 26 (3): 257 – 277.

[95] 陈劲, 阳银娟. 外部知识获取与企业创新绩效关系研究综述 [J]. 科技进步与对策, 2014, (1): 156 – 160.

[96] Nonaka I, Byosiere P, Borucki C C, et al. Organizational knowledge creation theory: A first comprehensive test [J]. International Business Review, 1994, 3 (4): 337 – 351.

[97] Zack M H. Developing a knowledge strategy [J]. California Management Review, 1999, 41 (3): 125 – 145.

[98] Hirsch – Kreinsen H, Jacobson D, Laestadius S, et al. Low and medium technology industries in the knowledge economy: the analytical issues [A]. Low – tech Innovation in the Knowledge Economy [C] Berlin: Peter Lang, Europaischer Verlag der Wissenschaften, 2005, 11 – 30.

[99] Caloghirou Y, Protogerou A, Spanos Y, et al. Industry – versus firm – specific effects on

performance: Contrasting SMEs and large – sized firms ［J］. European Management Journal, 2004, 22 (2): 231 –243.

［100］ Vanhaverbeke W, Vareska V D V, Cloodt M. Connecting absorptive capacity and open innovation ［J/OL］. Ssrn Electronic Journal, 2008 – 02 – 07. Available at SSRN: https://ssrn.com/abstract = 1091265.

［101］ Andrawina L, Govindaraju R, Samadhi T A, et al. Absorptive capacity moderates the relationship between knowledge sharing capability and innovation capability ［C］// IEEE International Conference on Industrial Engineering and Engineering Management. IEEE, 2008: 944 –948.

［102］ Mcevily S K, Chakravarthy B. The persistence of knowledge - based advantage: an empirical test for product performance and technological knowledge ［J］. Strategic Management Journal, 2002, 23 (4): 285 –305.

［103］ Galunic D C, Eisenhardt K M. Renewing the strategy – structure – performance paradigm ［J］. Research in Organizational Behavior, 1994, 16 (1): 215 –255.

［104］ Mcgrath R G, Tsai M H, Venkataraman S, et al. Innovation, competitive advantage and rent: A model and test ［J］. Management Science, 1996, 42 (3): 389 –403.

［105］ Ehie I C, Olibe K. The effect of R&D investment on firm value: An examination of US manufacturing and service industries ［J］. International Journal of Production Economics, 2010, 128 (1): 127 –135.

［106］ 朱平芳, 徐伟民. 上海市大中型工业行业专利产出滞后机制研究 ［J］. 数量经济技术经济研究, 2005, 22 (9): 136 –142.

［107］ 张小蒂, 王中兴. 中国 R&D 投入与高技术产业研发产出的相关性分析 ［J］. 科学学研究, 2008, 26 (3): 526 –529.

［108］ 刘伟, 李丹. 青岛市高新技术企业 R&D 投入与产出绩效研究 ［J］. 科技进步与对策, 2010, 27 (3): 26 –29.

［109］ 吴素春. 创新型城市内部企业 R&D 模式与创新绩效研究 ［J］. 科研管理, 2014 (1): 33 –40.

［110］ Mairesse J, Mohnen P, Kremp E, et al. The importance of R&D and innovation for productivity: A reexamination in light of the French innovation survey ［J］. Annales Déconomie Et De Statistique, 2005 (79/80): 487 –527.

［111］ 梅强，戴园园. 开放式创新与自主创新提升企业创新绩效研究——基于高新技术中小企业的多案例分析 ［J］. 技术经济与管理研究，2013（6）：44-48.

［112］ Lawson B, Petersen K J, Cousins P D, et al. Knowledge sharing in interorganizational product development teams: The effect of formal and informal socialization mechanisms ［J］. Journal of Product Innovation Management, 2009, 26 (2): 156-172.

［113］ 师萍，张蔚虹. 中国 R&D 投入的绩效分析与制度支持研究 ［M］. 北京：科学出版社，2008.

［114］ 王龙伟，任胜钢，谢恩. 合作研发对企业创新绩效的影响研究——基于治理机制的调节分析 ［J］. 科学学研究，2011, 29 (5): 785-792.

［115］ Lin C, Wu Y J, Chang C C, et al. The alliance innovation performance of R&D alliances – the absorptive capacity perspective ［J］. Technovation. 2012, 32 (5): 282-292.

［116］ Simonen J, Mccann P. Innovation, R&D cooperation and labor recruitment: evidence from Finland ［J］. Small Business Economics, 2008, 31 (2): 181-194.

［117］ Philip R. Tomlinson, Ian Jackson. Cooperative ties and the impact of external factors upon innovation in an industrial district: Some insights from the north staffordshire table and gift-ware sector ［J］. Regional Studies, 2013, 47 (4): 580-596.

［118］ 吴玉鸣. 官产学 R&D 合作、知识溢出与区域专利创新产出 ［J］. 科学学研究，2009, 27 (10): 1486-1494.

［119］ Hakanson L, Nobel R. Organizational characteristics and reverse technology transfer ［J］. Management International Review, 2001, 41 (4): 395-420.

［120］ Chen C J, Huang Y R, Lin B. W. How firms innovate through R&D internationalization? An S – curve hypothesis ［J］. Research Policy, 2012, 41 (9): 1544-1554.

［121］ Hagedoorn J, Link N, Vonortas S. Research partnerships ［J］. Research Policy, 2000, 29 (4-5): 567-586.

［122］ Godoe H. Innovation and regimes, R&D and radical innovation in telecommunications ［J］. Research Policy, 2000, 29 (9): 1033-1046.

［123］ VindingA L. Absorptive capacity and innovative performance: A human capital approach ［J］. Economics of Innovation and New Technology. 2006, 15 (4-5): 507-517.

［124］ 刘常勇，谢洪明. 企业知识吸收能力的主要影响因素 ［J］. 科学学研究，2003, 21 (3): 307-310.

［125］曹达华，朱桂龙，邓颖翔．吸收能力对校企合作绩效的影响［J］．科技进步与对策，2013，30（3）：5 - 9.

［126］Grossman G M，Helpman E. Innovation and growth in the global economy［M］．Cambridge，MA：MIT Press，1991.

［127］李平，王春晖．政府科技资助对企业技术创新的非线性研究——基于中国2001—2008年省级面板数据的门槛回归分析［J］．中国软科学，2010，（8）：138 - 147.

［128］刘磊，刘毅进．基于创新需求特性的政府参与行为选择及影响分析［J］．科技进步与对策，2012，29（24）：127 - 131.

［129］陈明，郑旭，王颖颖．关于产学研合作中政府作用的几点思考［J］．科技管理研究，2011（11）：14 - 17.

［130］张青．上海市政府科技投入在工业企业中的评价［J］．中国科技论坛，2006（6）：36 - 38.

［131］Lach S. DO R&D subsidies stimulate or displace private R&D? Evidence from Israel［J］．Journal of Industrial Economics，2002（50）：369 - 390.

［132］王一卉．政府补贴、研发投入与企业创新绩效——基于所有制企业经验与地区差异的研究［J］．经济问题探索，2013（7）：142 - 147.

［133］Geisler E. Managing the aftermath of radical corporate change：Reengineering，restructuring，and reinvention［J］．Quality Progress，1997，31（11）：134 - 134.

［134］Chesbrough H. The era of open innovation［J］．MIT Sloan Management Review，2003，44（3）：35 - 41.

［135］Negassi S. R&D co-operation and innovation a microeconometric study on French firms［J］．Research Policy，2004，33（3）：365 - 384.

［136］汪成珏．企业研发模式与创新绩效的关系研究［D］．杭州：浙江工商大学，2015.

［137］Massimo G. Colombo. Firm size and cooperation：The determinants of cooperative agreements in information technology industries［J］．International Journal of the Economics of Business，1995，2（1）：3 - 30.

［138］Abramovsky L，Griffith R，Harrison R. Background facts and comments on supporting growth in innovation：enhancing the R&D tax credit［OL］．2005. https：//www. researchgate. net/publication/46431885_Background_facts_and_comments_on_Supporting_growth_in_innovation_enhancing_the_RD_tax_credit.

［139］ Belderbos R, Carree M, Lokshin B. Complementarity in R&D Cooperation Strategies ［J］. Review of Industrial Organization, 2006, 28 (4): 401 – 426.

［140］ 孙晓华, 周玲玲. 企业异质性与产业创新能力——基于我国 36 个工业行业的实证检验 ［J］. 产业经济研究, 2010 (4): 9 – 15.

［141］ 徐鹏, 徐向艺子公司动态竞争能力维度建构与培育机制 ［J］. 中国工业经济, 2013, 302 (5): 109 – 121.

［142］ 梁莱歆, 曹钦润. 研发人员及其变动与企业 R&D 支出——基于我国上市公司的经验证据 ［J］. 研究与发展管理, 2010, 22 (1): 98 – 105.

［143］ Chengqi Wang, Mario IKafouros. What factors determine innovation performance in emerging economies? Evidence from China ［J］. International Business Review, 2009 (18): 606 – 616.

［144］ 樊纲, 王小鲁, 余静文. 中国分省份市场化指数报告 (2016) ［M］. 北京: 社会科学文献出版社, 2017.

［145］ Arora A. Testing for complementarities in reduced form regressions: A note ［J］. Economics Letters, 1996, 50 (1): 51 – 55.

［146］ 孙婧. 企业吸收能力与技术创新关系实证研究 ［D］. 长春: 吉林大学, 2013.

［147］ Qian G, Li L., Rugman A. M. Liability of country foreignness and liability of regional foreignness: Their effects on geographic diversification and firm performance ［J］. Journal of International Business Studies, 2013, 44 (6): 635 – 647.

［148］ Miotti L, Sachwald F. Co-operative R&D: why and with whom: An integrated framework of analysis ［J］. Research Policy, 2003, 32 (8): 1481 – 1499.

［149］ Kobrin S J. An empirical analysis of the determinants of global integration ［J］. Strategic Management Journal, 1991, 12 (S1): 17 – 31.

［150］ Von Hippel E. Cooperation between rivals: Informal know – how trading ［J］. Research Policy, 1988, 16: 291 – 302.

［151］ Nicholls – Nixon C L, Woo C Y. Technology sourcing and output of established firms in a regime of encompassing technological change ［J］. Strategic Management Journal, 2003, 24 (7): 651 – 666.

［152］ Dewar R D, Dutton J E. The adoption of radical and incremental innovations: an empirical analysis ［J］. Management Science, 1986, 32 (11): 1422 – 1433.

[153] Kimberly J R, Evanisko M J. Organizational innovation: the influence of individual, organizational, and contextual factors on hospital adoption of technological and administrative innovations [J]. Academy of Management Journal Academy of Management, 1981, 24 (4): 485 –501.

[154] Katila R, Ahuja G. Something Old, Something new: A longitudinal study of search behavior and new product introduction [J]. Academy of Management Journal, 2002, 45 (6): 1183 –1194.

[155] Subramaniam M, Youndt M A. The influence of intellectual capital on the types of innovative capabilities [J]. Academy of Management Journal, 2005, 48 (3): 450 –463.

[156] 袁健红, 施建军. 竞争者之间技术联盟的管理 [J]. 中国软科学, 2003, (12): 73 –76.

[157] Keller W. International technology diffusion [J]. Journal of Economic Literature, 2004, 42 (3): 752 –782.

[158] Granger C W J. Testing for causality: A personal view point [J]. Journal of Economic Dynamics and Control, 1980, (2): 329 –352.

[159] Darroch J, Mc Naughton R. Beyond market orientation knowledge management and the innovativeness of New Zealand firms [J]. European Journal of Marketing, 2003, 37 (3/4): 572 –593.

[160] Danneels E. The dynamics of product innovation and firm competences [J]. Strategic Management Journal, 2002, 23 (12): 1095 –1121.

[161] Teece D J. Explicating dynamic capabilities: the nature and microfoundations of (sustainable) enterprise performance [J]. Strategic Management Journal, 2007, 28 (13): 1319 –1350.

[162] Liao J, Kickul J R, Ma H. Organizational dynamic capability and innovation: An empirical examination of internet firms [J]. Journal of Small Business Management, 2009, 47 (3): 263 –286.

[163] Stock G N, Greis N P, Fischer W A. Absorptive capacity and new product development [J]. Journal of High Technology Management Research, 2001, 12 (1): 77 –91.

[164] Zahra S A, Hayton J C. The effect of international venturing on firm performance: The moderating influence of absorptive capacity [J]. Journal of Business Venturing, 2008, 23 (2): 195 –220.

［165］钱锡红，杨永福，徐万里. 企业网络位置、吸收能力与创新绩效———一个交互效应模型［J］. 管理世界，2010（5）：118－129.

［166］Baron R M, Kenny D A. The moderator mediator variable distinction in social psychological research：Conceptual, strategic, and statistical considerations［J］. Journal of Personality and Social Psychology, 1986, 51（6）：1173－1182.

［167］解雪梅，左蕾蕾. 企业协同创新网络特征与创新绩效：基于知识吸收能力的中介效应研究［J］. 南开管理评论，2013，16（3）：47－56.

［168］Suseno Y, Ratten V. A theoretical frame work of alliance performance：The role of trust, social capital and knowledge development［J］. Journal of Management & Organization, 2007, 13（1）：4－23.

［169］Porter M E. The Competitive Advantage of Nations［M］. New York：Free Press, 1990.

［170］刘燕华，鲍红，王文涛. 以技术市场为切入点推动创新服务体系建设［N］. 科技日报，2014－07－07（1）.

［171］陆冲. 北京技术市场技术交易成果转化效益的测定［D］. 北京：首都经济贸易大学，2007.

［172］张洁音. 区域性知识市场网络化中介能力研究：以浙江技术市场为例［J］. 科技进步与对策，2015，（13）：42－46.

［173］高英红. 技术交易市场的功能与即使交易市场的观念［J］. 科技与管理，2008，（1）：47－48.

［174］谭开明. 促进技术创新的中国技术市场发展研究［D］. 大连：大连理工大学，2008.

［175］Schneider P H. International trade, economic growth, and intellectual property rights：A panel data study of developed and developing studies［J］. Journal of Development Economics, 2005, 78（2）：529－547.

［176］Fu X, Yang Q. Exploring the cross－country gap in patenting：A stochastic frontier approach［J］. Research Policy, 2009, 38（7）：1203－1213.

［177］Mansfield E. Intellectual Property Protection, Foreign Direct Investment, and Technology Transfer［C］. IFC Discussion Paper, 1994：19.

［178］王华. 更严厉的知识产权保护制度有利于技术创新吗［J］. 经济研究，2011（S2）：124－135.

［179］史宇鹏，顾全林. 知识产权保护、异质性企业与创新：来自中国制造业的证据

[J]. 金融研究, 2013 (8): 136 – 149.

[180] 刘和东. 知识产权保护与技术创新关系研究——理论分析与实证检验 [J]. 科技管理研究, 2009 (5): 11 – 13.

[181] 宗庆庆, 黄娅娜, 钟鸿钧. 行业异质性、知识产权保护与企业研发投入 [J]. 产业经济研究, 2015 (2): 47 – 57.

[182] 汪红梅. 知识产权保护与企业创新之间关系的研究 [J]. 太原理工大学学报 (社会科学版), 2007 (2): 47 – 51.

[183] 张振刚, 陈志明. 创新管理: 企业创新路线图 [M]. 北京: 机械工业出版社, 2013.

[184] 王国彪, 宋建丽. 机械工程类国家重点实验室发展历程与现状分析 [J]. 中国机械工程, 2015, 26 (21): 2901 – 2909.

[185] 赵兰香, 李文东, 李昌群. 我国工程研究中心的建设目标与现状的差距是如何形成的 [J]. 科学学与科学技术管理, 2006, 27 (11): 87 – 92.

[186] 刘常勇, 谢洪明. 企业知识吸收能力的主要影响因素 [J]. 科学学研究, 2003 (3): 307 – 310.

[187] Görg H, Strobl E. The Effect of R&D Subsidies on Private R&D [J]. Economica, 2007, 74 (294): 215 – 234.

[188] 李左峰, 张铭慎. 政府科技项目投入对企业创新绩效的影响研究——来自我国95家创新型企业的证据 [J]. 中国软科学, 2012, (12): 123 – 132.

[189] 刘思明, 侯鹏, 赵彦云. 知识产权保护与中国工业创新能力——来自省级大中型工业企业面板数据的实证研究 [J]. 数量经济技术经济研究, 2015 (3). 40 – 57

[190] Von Hippel E, Krogh V G. Free revealing and the private—collective model for innovation incentives [J]. R&D Management, 2006, 36 (3): 295 – 306.

[191] 贺贵才, 于永达. 知识产权保护与技术创新关系的理论分析 [J]. 科研管理, 2011, (11): 148 – 156.

[192] Narver J C, S F Slater. The Effect of a Market Orientation on Business Profitability [J]. Journal of Marketing, 1990, 54 (4): 20 – 35.

[193] 薛镭, 杨艳, 朱恒源. 战略导向对我国企业产品创新绩效的影响——一个高科技行业 - 非高科技行业企业的比较 [J]. 科研管理, 2011, 32 (12): 1 – 8.

[194] 吴延兵. 中国哪种所有制类型企业最具创新性 [J]. 世界经济, 2012, (6): 3 – 29.

致　谢

　　本专著由笔者 2017 年完成的博士学位论文修订而成。本书除导论、文献回顾与理论基础之外，大部分章节的早期版本都曾在学术期刊上发表过。在这里感谢《软科学》《系统工程》《科技管理研究》《中国科技论坛》等期刊提供的发表平台，感谢编辑和匿名评审学者提供的诸多修订意见。同时，博士学位论文的致谢里已写出了许多的个人感触并一一感谢了有助于论文成型的人和事。现如今，论文即将改成专著出版，反而觉得多讲无益，故此略去。本书此处仅呈现一些必要的说明和致谢。

　　首先，无论我在学术上有何进步，都离不开导师陈岩教授的栽培，感谢他一直以来对我的培养和提携，这对我的写作和未来发展起了关键的作用。其次，感谢中央高校基本科研业务费专项资金资助"企业专利标准化与创新发展的关系研究——基于行业与区域互动视角的分析"（2018RC56），让我有机会去参加学术会议交流，聆听专家建议，丰富和深化研究内容，在这里一并感谢在会议上曾对文章写作提出指导意见的会议专家学者。最后，要特别感谢知识产权出版社的相关工作人员，尤其是国晓健编辑，感谢他们对书稿的校阅、修订、排版和出版做出的一切工作，他们认真负责的态度使得本书得以顺利出版。

2020 年 4 月

翟瑞瑞